走进学习科学丛书 / 盛群力 主编 _ 邢天骄 副主编

The Social-Emotional Learning Playbook

社会情感学习

教师如何做，师生才幸福
A Guide to Student and Teacher Well-Being

Nancy Frey / Douglas Fisher / Dominique Smith
[美] 南希·弗雷 / 道格拉斯·费希尔 / 多米尼克·史密斯　著
邢天骄　译　　盛群力　审订

中国人民大学出版社
·北京·

专家推荐

南希·弗雷（Nancy Frey）、道格拉斯·费希尔（Douglas Fisher）和多米尼克·史密斯（Dominique Smith）认为，在培养学生和建设学校之前，我们必须先提升自己：我们如果不提升自己，就会变得麻木。本书的每一部分都支持自我关爱，以便教师能为育人做好准备。这个理念贯穿全书的每一章节。无论是在课堂上，还是在社区中，提升社会情感学习都是一项极富挑战且非常重要的工作。本书无疑会让教师积极参与到这项工作的探讨中来。

——克里斯特尔·沃什（Crystal Wash）
美国伊利诺伊州芝加哥市"教育研究与发展联盟"研究专家

在学校中融入社会和情感至关重要。本书的意义十分明确——它旨在将其介绍的社会情感学习原则纳入学校或地区的社会情感学习倡议。这个话题非常重要，特别是在新冠疫情之后教育行业持续复苏的现在更是如此。

——莉迪娅·巴格利（Lydia Bagley）
美国佐治亚州玛丽埃塔市科布县学区教学支持专家

本书是非常棒的专业发展资源，充满了与文化相关的实例，并基于现实世界的情境，帮助读者理解如何应用或实践社会情感学习。我与同事和学生在教师教育和幼儿教育项目中密切合作，我会向他们推荐这本书。

——杰弗里·刘（Jeffrey Liew）
美国得克萨斯州布莱恩市得克萨斯农工大学教授

致 谢

Corwin 出版社对以下评审专家致以诚挚的谢意：

杰弗里·刘
（美国得克萨斯州布莱恩市得克萨斯农工大学教授）

克里斯特尔·沃什
（美国伊利诺伊州芝加哥市"教育研究与发展联盟"研究专家）

目录

前言 ... 001

模块 1

发挥优势，增强修复力 ... 013

- **情境描述** ... 015
  - 发挥优势法 ... 015
  - 自我决定 ... 018
- **词汇自检** ... 020
- **发挥优势，从自己做起** ... 022
  - 提升优势，培养修复力 ... 025
- **帮助学生发挥优势** ... 027
  - 把学生当作资产来投资 ... 027
  - 投资学生能力，了解其优势 ... 031
- **依靠学校推动发挥优势法** ... 035
  - 学校的社会资本：着眼于优势 ... 035
  - 认知重构提升组织修复力 ... 037
- **自我评估** ... 043

模块 2

身份认同、归属感与亲社会技能 ... 045

- **情境描述** ... 047
- **词汇自检** ... 051

培养身份认同与归属感，从自己做起	053
• 文化到底是什么	053
• 种族身份认同	055

帮助学生培养身份认同与归属感	061
• 培养学生的归属感	061
• 创设身份安全的课堂	064
• 提升关爱型课堂所需的亲社会技能	067

| 依靠学校培养身份认同与归属感 | 072 |
| • 学校身份与声誉资本 | 072 |

| 自我评估 | 077 |

模块 3

情绪调节   079

| 情境描述 | 081 |
| • 向上调节和向下调节 | 082 |

| 词汇自检 | 083 |

调节情绪，从自己做起	085
• 认识你的情绪智力	086
• 与他人一起调节情绪	086

| 帮助学生培养情绪调节能力 | 091 |
| • 自我管理和自我控制 | 096 |

依靠学校推动情绪调节	102
• 在全校范围推动情绪调节的必要性	102
• 在全校范围明智地实施	106

| 自我评估 | 109 |

模块 4

关系信任与沟通 　　　　　　　　　　　　　111

情境描述 　　　　　　　　　　　　　　　113
- 同理心的作用 　　　　　　　　　　　　114

词汇自检 　　　　　　　　　　　　　　　116

关系信任与沟通，从自己做起 　　　　　　118
- 传达你的可信度 　　　　　　　　　　　120

帮助学生培养关系信任与沟通技能 　　　　124
- 师生的关系信任 　　　　　　　　　　　124
- 同伴关系与沟通技能 　　　　　　　　　127
- 提升沟通技能 　　　　　　　　　　　　128

依靠学校推动关系信任与沟通 　　　　　　133
- 家校的关系信任 　　　　　　　　　　　133
- 重视家庭的意见和决定 　　　　　　　　136

自我评估 　　　　　　　　　　　　　　　140

模块 5

个体效能与集体效能 　　　　　　　　　143

情境描述 　　　　　　　　　　　　　　　145

词汇自检 　　　　　　　　　　　　　　　151

提高效能，从自己做起 　　　　　　　　　153

帮助学生提高效能 　　　　　　　　　　　158
- 建立自信 　　　　　　　　　　　　　　160
- 寻求帮助 　　　　　　　　　　　　　　162
- 学习坑 　　　　　　　　　　　　　　　165
- 自我评估 　　　　　　　　　　　　　　168

| 依靠学校提高集体效能 | 172 |
| 自我评估 | 178 |

模块 6

培育关爱型社区 　　　　　　　　　181

情境描述	183
词汇自检	186
培育关爱型社区，从自己做起	**188**
・致力于自身的情感健康	188
・向遇到困难之人伸出援手	190
帮助学生培育关爱型社区	**193**
・致力于学生的身体健康	193
・致力于学生的情感健康	197
・创伤敏感型教室设计	201
依靠学校培育关爱型社区	**205**
・集体责任	205
・沟通能力	206
自我评估	208

结语　　　　　　　　　　　　　　　　211
参考文献　　　　　　　　　　　　　　213
译后记　　　　　　　　　　　　　　　229

前 言

年轻人的学科学习（academic learning）会受到社会和情感发展的影响。事实上，社会、情感和学科学习是不可能分开的。举个例子，一个学生在课堂上没有归属感。在这里，学生的身份不受重视，且学生缺乏足够的应对技巧。这些问题中的每一个单独来看都会对学生的学科学习产生负面影响。综合起来，它们的累积影响就会阻碍学习的发生。

重要的是，所有学生都需要——不，他们都应当——有机会发展自己的社会、情感和学习能力（academic skills）。"社会情感学习"（Social-Emotional Learning，简称SEL）不是为那些已经完成年级学习、需要另外找事情做的学生准备的，也不是对那些学困生的干预。它与学生在学校学习的任何一门学科无异。学生的学习并不是在小学阶段达到语言艺术标准或数学标准就结束了，而是在年复一年中不断扩展和深化的。社会情感学习也是如此，它应该是教与学过程中的一个既定部分。

> 社会情感学习与学生在学校学习的任何一门学科无异。学生的学习是在年复一年中不断扩展和深化的。

CASEL 框架

最著名的 K-12 学校社会情感学习框架也许来自"学术、社会和情感学习联合会"（Collaborative for Academic, Social, and Emotional Learning，简称 CASEL）。这个多学科组织于 1994 年在耶鲁大学成立，致力于与当地学区合作来命名、组织和实施社会情感学习。目前，它已发展为一个无派系、非营利性的领导机构，协助学校和地区评估社会情感学习项目、组织研究,并为立法提供信息。

CASEL 提出的五部分框架聚焦于年轻人需要学习的知识、技能和素质,帮助他们实现自身的愿望,并成为对课堂、学校和当地社区有贡献的一员。重要的是,这一切不会凭空发生。社会情感学习不是我们"做"给学生的东西。你将注意到,CASEL 框架将社会情感学习视为课堂和学校层面的互动,并将家庭与看护人和社区层面的互动也考虑其中(见图 0.1)。

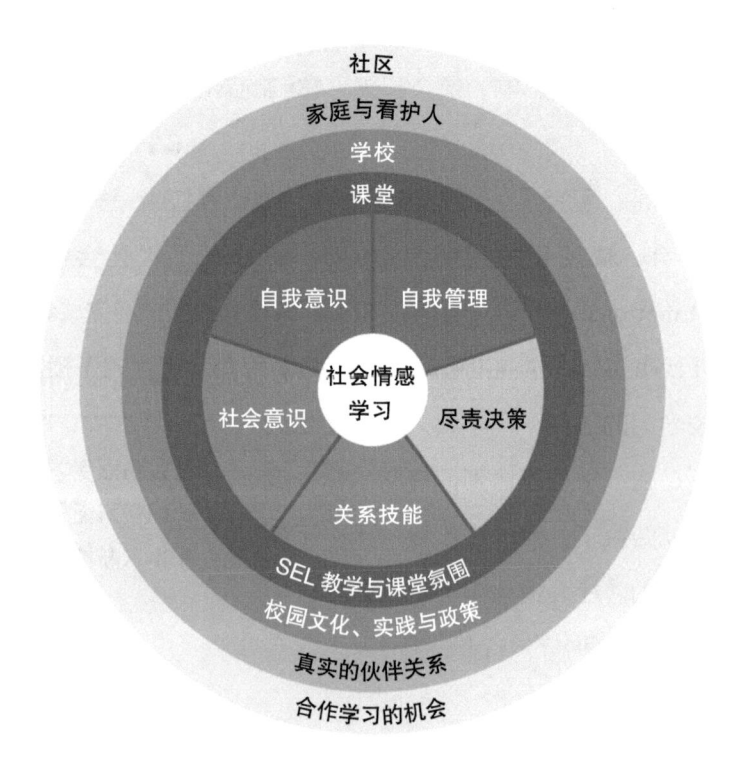

图 0.1 CASEL 框架

来源:©2021 CASEL。版权所有。
https://casel.org/fundamentals-of-sel/what-is-the-casel-framework

到目前为止都很不错,对吗?社会情感学习是一组适用于各种场所的技能。但不要忽视上图底部的内容。为了将这张图落到实处,成人必须通过努力积极参与，以便：

- 传授技能，带动课堂气氛，培养学生素质。
- 在学校层面共同努力，创造一种校园文化，用政策、流程和互动来培养这些技能和素质。
- 以有意义的方式与家庭合作。
- 与社区协调，为儿童和成人的成长创造联盟和机会。

2011 至 2021 年间，CASEL 在全美深入探索社会情感学习，并完成了一份 10 年报告。该报告指出，成人社会情感学习是维持社会情感学习可持续性的关键因素（CASEL，2021）。他们解释说，原因在于，当社会情感学习"融入成人的所有互动时，它就会成为地区更大文化的一部分，而不仅仅依赖于单个领导人的倡议"（p.26）。CASEL 请地区合作伙伴反思过去 10 年所做的工作，特别是询问如果可以重来，他们会采取什么不同的做法。这些合作伙伴指出，他们"本应该早一些优先考虑成人社会情感学习"。

> 研究表明，当教师倾向于培养自己的社会情感学习时，压力水平就会降低，工作满意度就会提升，这有助于他们发展友好的师生关系，使学生收获更好的学习成果。成人对社会情感学习的个人体验会成为强大的催化剂，提升学生和员工的福祉，并使社会情感学习深入所有地区工作，成为其不可或缺的组成部分。（p.26）

与 CASEL 一样，我们也将社会情感学习视为一个由习惯、素质、知识、技能、流程和政策组成的情境化系统，它能够影响我们共同工作和学习的方式。在接下来的模块中，我们将指出 CASEL 框架的具体要素，以便你进一步与自己的工作联系起来。

创伤与社会情感学习

当然，一些学生的经历与众不同，这使他们面临更大的风险。例如，有些学生有更多的"童年不幸经历"（Adverse Childhood Experiences，简称 ACE）。这些经历和与之相伴的创伤，对学生的影响是深远的；而社会情感学习以及治疗和支持系统，对学生的恢复有很大的帮助。美国疾病控制与预防中心（Centers for Disease Control and Prevention，简称 CDC）制定了一个金字塔形的概念框架，作为对童年不幸经历研究的一部分（见图 0.2）。他们将童年不幸经历置于其对健康和幸福的影响中来探讨。

金字塔层级（从顶部到底部）：
- 早逝
- 疾病、残疾和社会问题
- 采取危害健康的行为
- 社会、情感和认知障碍
- 神经发育紊乱
- 童年不幸经历
- 社会条件／当地环境
- 代际体现／历史创伤

右侧箭头：死亡（上）← 受孕（下）

童年不幸经历对一生健康和幸福的影响机制

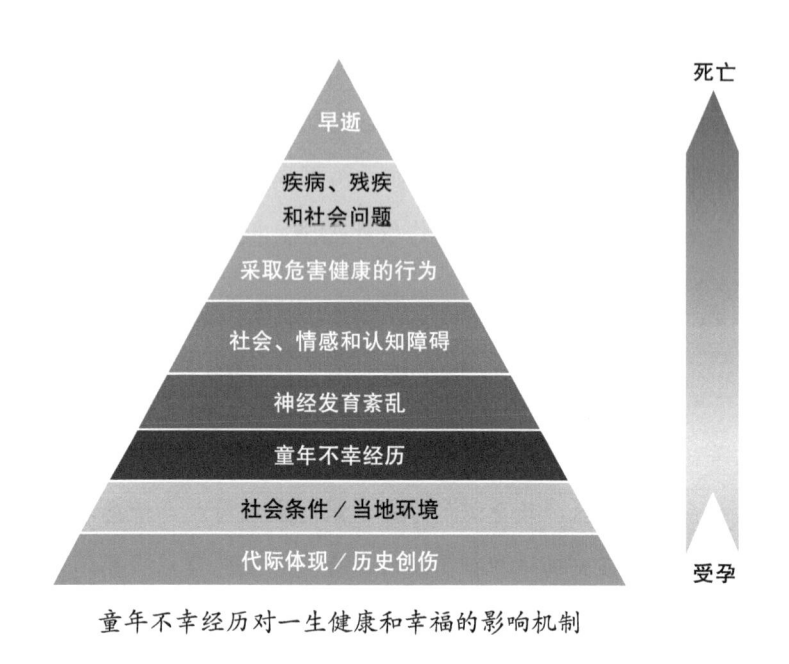

图 0.2 童年不幸经历金字塔

来源：Centers for Disease Control and Prevention（n.d.a.）。

美国疾病控制与预防中心的研究表明，61% 的成人有过至少一种类型的童年不幸经历，六分之一的受访者有过四种或更多种童年不幸经历。在美国，近一半的儿童有过至少一种不幸经历，10%的儿童有过三种或更多种不幸经历（Sacks et al., 2014）。在全美范围内，61%的黑人儿童和51%的西班牙裔儿童有过至少一种不幸经历，相比之下白人儿童为40%，而亚裔儿童只有23%（Murphey & Sacks, 2019）。在没有充分支持的情况下遭遇童年不幸经历，会导致身体的应激反应系统被长期激活，进而引发皮质醇反应和免疫功能的长期变化，并影响大脑结构的发育，而这种发育是学习和记忆所必需的（National Scientific Council on the Developing Child, 2014）。那么，什么是童年不幸经历？它的主要类别有虐待、疏于照看和家庭功能障碍（见表0.1）。

表0.1 三种类型的童年不幸经历

虐待	疏于照看	家庭功能障碍
身体 情感 性	身体 情感	精神疾病 亲人遭监禁 母亲受到暴力对待 药物滥用 离婚

来源：Robert Wood Johnson Foundation 2013 版权所有。经授权使用。

在虐待方面，一些学生遭受着身体、情感或性虐待。当然，这些都是可以向当局举报的，政府部门会尝试将他们从这些情况中解救出来。但工作并没有结束。虐待的影响是深远的，我们需要共同努力，帮助学生抚平虐待造成的创伤，这对他们的发展至关重要。疏于照看也是可以举报的，但社会服务部门不太可能立即行动，除非情况相当严重和明显。与虐待一样，疏于照看也会对学生产生持久的影响，而我们在社会和情感健康方面的努力可以帮助学生调节。

处于家庭功能障碍情况下的孩子更难解脱。例如，当一个学生与患有精神疾病的人生活在一起时，社会服务部门几乎无能为力，除非这个人正在伤害孩子。亲人遭监禁或离异家庭的情况也是如此。药物滥用问题也是类似的，除非情形严重或导致疏于照看，否则儿童很可能继续留在家中。我们已经数不清有多少学生举报自己家里发生了家庭暴力，但他们仍然继续生活在这样的家庭中，因为被虐待的成人害怕报警，不知道如果警察采取行动自己将住在哪里，或担心如果警察不采取行动自己会受到报复。同样，学生的不幸经历会影响他们的思维，如果没有强大的社会和情感支持，这些经历将产生持久和破坏性的影响。

事实上，这些童年不幸经历的影响非常广泛，包括教育程度下降（如 Hardcastle et al., 2018）、无家可归的成人增多（如 Herman et al., 1997）、肺癌病例增多（如 Brown et al., 2010）、成人精神疾病发病率增加（如 Merrick et al., 2017）、身体健康受到损害（如 Vig et al., 2020）。这个清单可以继续列下去，因为童年不幸经历的影响是深远的。正如埃利斯和迪茨（Ellis & Dietz, 2017）所说，童年的不幸经历与社区的不良环境相结合，将对学生产生深远的负面影响（见图 0.3）。

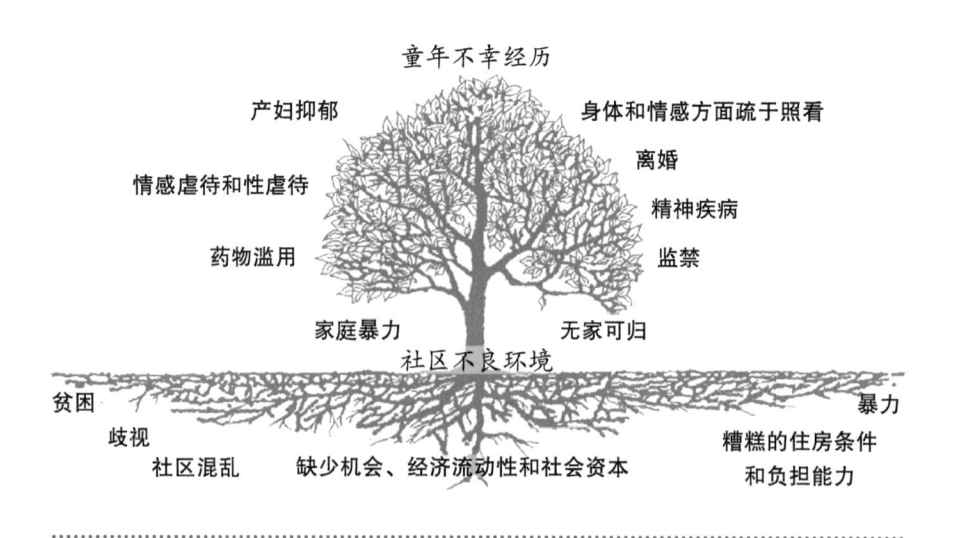

图 0.3 童年不幸经历与社区不良环境的结合

来源：Ellis and Dietz（2017）。

美国疾病控制与预防中心指出，一些社区行动可以防止童年不幸经历的发生或复发，并建议，社区应该：

1. 加强对家庭的经济支持。
2. 完善防止暴力和困境的社会规范。
3. 确保儿童有一个良好的开端。
4. 教授技能。
5. 将青少年与有爱心的成人和关爱活动连接起来。
6. 采取干预措施，以减少直接和长期的伤害。

当然，作为个体教育者，我们无法完成美国疾病控制与预防中心六项建议中的任何一项，但我们可以提供帮助。我们可以为孩子的良好开端奠定基础，教他们社会和情感技能，与他们建立联系，并在他们遭受虐待或冷落时进行干预。具体到学校层面，墨菲和萨克斯（Murphey & Sacks，2019）建议教育者：

- 加强人际关系以及社会和情感技能的培养。
- 满足学生的生理和心理健康需求。
- 减少可能造成创伤应激或使学生再受创伤的做法。

这些都是如今课堂的现状，而这些现状会导致我们"同情疲劳"（compassion fatigue）。大多数时候，教师都会有"同情满足"（compassion satisfaction），这是我们能够从做好本职工作中获得的快乐（Stamm，2010）。当我们感觉自己的教学起到作用，特别是当看到学生学有成效的证据时，我们的同情满足就会提升，并享受到工作的乐趣。

与同情满足相对的是同情疲劳。它结合了身体、情感和精神的消

> 同情疲劳结合了身体、情感和精神的消耗，与我们从事的工作有关。

耗，与我们从事的工作有关，因为我们常常要面对身心遭受重创的人。这就是众所周知的"高成本看护"（high cost of caring）。正如菲格利（Figley，2002）所说："同情疲劳是那些施助者所经历的一种状态；它是一种极度紧张的状态，施助者在帮助身陷困境之人时，身心都会被他们的痛苦占据，以至于出现继发性创伤应激反应。"（p.1435）正如埃利奥特等人（Elliott et al.，2018）说的那样：

> 这些症状可以在几年内形成，也可以在工作短短六个星期就形成。对挫折的耐受力降低，厌恶与某些学生打交道，工作满意度下降，这只是其中的几个影响。这些影响给教师的工作表现以及个人情感和身体健康带来了重大风险。（p.29）

同情疲劳的迹象包括：

- 孤立
- 情绪爆发
- 悲伤、冷漠
- 解救任何需要帮助者的冲动
- 持续的身体疾病
- 药物滥用
- 高度警觉或过度焦虑
- 反复做噩梦或出现记忆闪回
- 过度抱怨同事、领导和受助者

同情疲劳对心理健康的影响也很显著，其特征是情绪障碍、焦虑加剧、人际关系紧张、注意力难以集中和疏离他人。超负荷工作、压力不断增加、社会对教师和学校领导如何应对教学问题关注不足，很可能是越来越多的教育工作者考虑离开这个行业的原因。现在是时候承认并投入时间和资源来关注这些问题了。我们希望本书的设计能够为此做出贡献。

为什么本书不只讲学生的社会情感学习

你会注意到，本书与 CASEL 框架一致，在每个模块中我们都从自我开始。这意味着你要正视自己。对于本书介绍的每一条社会情感学习原则，我们都为你和你的社会情感发展提供了基于证据的建议。请记住，社会情感学习需要付出终生的努力，正如罗梅罗等人（Romero et al., 2018）在他们关于创伤和修复的书中所说，"先了解自己，再教授学生"（p.36）。在这方面，你可能比课堂上或学校里的学生拥有更多的技能，但我们的学习永远都不会结束。

> 社会情感学习需要付出终生的努力，我们的学习永远不会结束。

我们带着创伤前行。范德科尔克（Van der Kolk, 2015）指出："身体从未忘记。"他的意思是，创伤经历不可避免地会在我们的思想、情感甚至身体健康上留下痕迹。我们都有这些痕迹，一些人仍未摆脱其影响。这就是为什么社会情感学习需要在成人中继续，而不应该在高中毕业后就结束。此外，随着全球新冠疫情的冲击以及人们日益明了种族主义的影响，人们的一些社会和情感技能也许会面临挑战。因此，我们要从自我开始。

然后，在本书的每个模块中，我们都会将关注点转移到学生身上。对于社会情感学习的每一项原则，无论是发挥优势、增强修复力，还是调节情绪，我们都会介绍教授学生相关技能的方法。在这个部分，我们提供了一些在课堂上和学校中使用的工具，你可以培养学生的技能，也可以和他们一起成长。这样做，无论是在学科学习上，还是在社会交往上，你都将提升你对学生的影响力。

你会注意到，我们经常提供"效应量"指标。这些数据来自约翰·哈蒂（John Hattie）"可见的学习"®（见 www.visiblelearningmetax.com），这是一组关于学习影响因素的元分析。元分析是一系列研究的集合，它可以确定一个总体效应量，或特定影响的总体影响。哈蒂指出，300多个学习影响因素的平均效应量为 0.40。因此，当我们报告的效应量大于 0.40 时，它对学习的影响就高于平均水平。可见的学习数据库的重点是对学科学习的影响，你会发现我们在本书中谈到的许多主题都对学科学习有直接影响。当然，同样值得注意的是，学习并不局限于学科方面。正如德拉克等人（Durlak et al., 2010）在对社会情感学习的元分析中指出的，社会和情感技能的效应量为 0.62。换句话说，当教师教社会情感学习时，学生就会学得好。德拉克的研究还指出，将社会情感学习融入课堂对学科学习有适度的影响，其效应量为 0.34。也就是说，关注社会情感学习对学生的幸福有益，这不仅不会损害他们的学科学习，反而能起到促进作用。

在从自我讲到学生后，我们会谈谈学校。每一个原则都会涉及对更大群体的影响。你可能没有权力或能力来实施每个模块中学校层面的所有建议，但你可以从一个意愿联盟开始——那些对自己、学生和同事的幸福以及社会情感学习感兴趣的同事。也许，在你的倡导和支持下，全校性的变革和实施是可以完成的。

每个模块都会包括几个明显的板块。首先，你将看到一个基于该模块内容的"词云"。请看看这些术语，因为这是我们希望你拓展的词汇。用词汇来表达概念是学习过程的一部分，词汇可以让你与他人分享想法和理解。其次，在进入"词汇自检"的任务之前，我们会提供与每个话题有关的"情境描述"。这种方法是古德曼（Goodman, 2001）提出的，在监测对特定术语的理解方面很有帮助。然后，我们就会从自身、学生、学校三个层面依次讨论。在每个层面你都会发现一个名为"实例"的板块，它将帮助你分析情境、做出决策。你会注意到，有许多正确的方法可以用来思考这些案例。

我们还在每个模块中提供了多个机会，以便你参照书中内容进行实践，这就是"个人笔记"板块。本书就是用来互动的。"个人笔记"旨在为你服务，因此，请尽情在上面批注，充分使用它，使你、学生和整个学校受益。

正如《福布斯》（*Forbes*）杂志的一篇文章所指出的，只有7%的受访教育工作者认为，自己已经做好了满足学生社会情感需求的准备。作者认为："社会情感学习可以帮助学生更好地理解和识别自己的情绪，帮

> 只有7%的受访教育工作者认为，自己已经做好了满足学生社会情感需求的准备。

助他们培养同理心、增强自我控制和压力管理的能力。它还可以帮助他们建立更好的关系和培养人际交往技能，这将在校园内外为他们提供支持，帮助他们在成年后获得成功。"（Sanders，2020）我们希望本书能帮助你满足学生的社会情感需求——同样重要的是，我们希望它能为你提供与同事交流的工具，为你继续社会情感学习之旅助力。

模块 1

发挥优势，
增强修复力

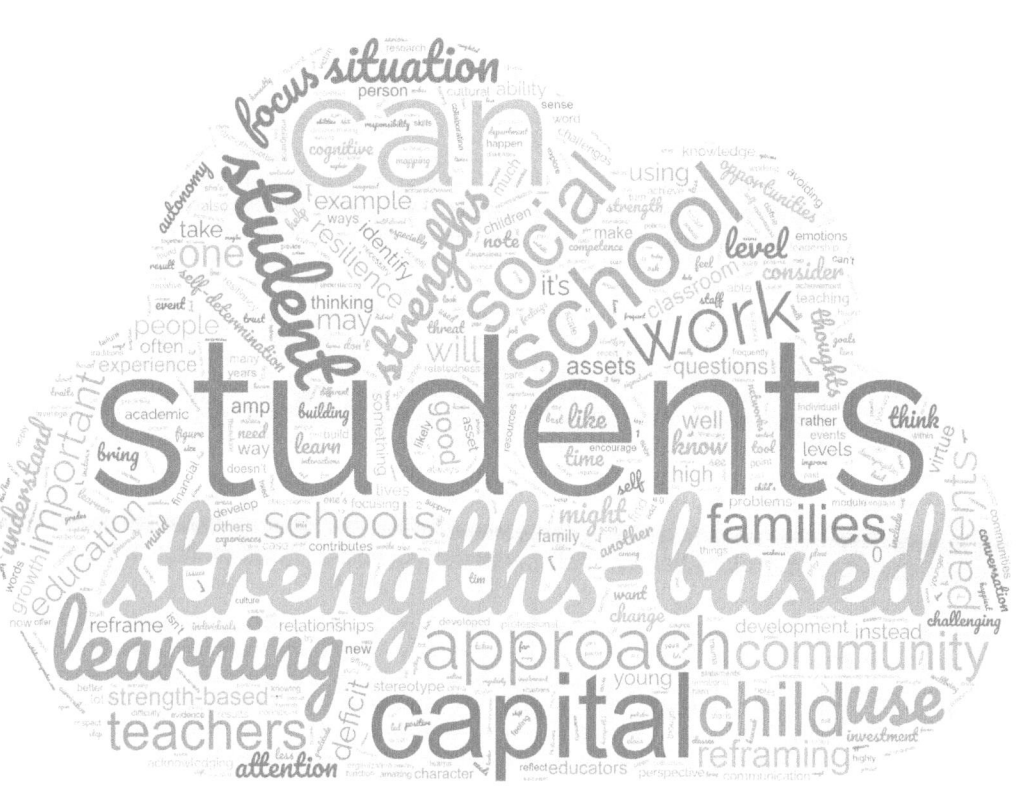

情境描述

我们许多人会将目光放在自己不擅长的地方，然后权衡它是否值得付出努力，毕竟要想补短需要花费太多精力。这样的做法在学校中可谓司空见惯。我们总是在找学生的短板，然后把时间都花在弥补这些短板上。回忆一下你参加过的数据小组会议和学生研究小组会议，有多少是聚焦于学生做不到的事情？对学生而言，结果总是让人沮丧的，同时还可能使师生形成"缺陷思维"（deficit thinking）[①]。正如沃特斯（Waters, 2017）所说，关注儿童和青少年的短板，会挫败他们参与的积极性。

还有另一种方法：不强调我们自己或学生的劣势，而是将目光放在优势上。在教育领域，这种方法被称为"发挥优势法"（strengths-based approach）。这个方法有一个十分简单的原则：关注学生的优势所在。这并不意味着我们忽视了那些具有成长空间的部分，而是以学生已有的优势为基础。有资料证明，关注优势，会让学生产生更大的幸福感，增强学生在学校的参与度，并提高学生的整体学业成绩水平（Waters, 2017）。因此，着眼于优势对学科学习和社会情感学习都有益。

发挥优势法

作为教育工作者，当我们着眼于年轻人的优势，而不只是关注其劣势时，我们就是在运用发挥优势法。用澳大利亚维多利亚州教育和幼儿发展部的话来说（Victoria Department of Education and Early Childhood Development, 2012, p.6），擅于发现优势的教师能够寻找：

> 作为教育工作者，当我们着眼于年轻人的优势，而不只是关注其劣势时，我们就是在运用发挥优势法。

---

① 缺陷思维将学生视为有缺陷的个体，并强调用补救的方法来改善表现。这种思维认为，学生失败的原因在于他们及其家庭存在内在缺陷，而不是教育系统、社会或其他环境因素。——译者注

- 孩子已经能做什么？
- 在得到教育支持的情况下，孩子能做什么？
- 孩子将来能做什么？

发挥优势法是：

- 给予每个人同样的重视，关注孩子能做什么，而非不能做什么。
- 以尊重和诚实的态度描述学习和发展。
- 在最近发展区和潜在发展区培养孩子的能力。
- 承认人们在遇到困难和挑战时，需要关注和支持。
- 明确学习和发展顺利进行时会发生什么，以便复制、进一步完善并强化教学。（p.7）

值得一提的是，这并不意味着我们只关注积极的一面，回避困难、真相，忽略担忧。回避问题和挑战对师生都没有好处，但如果我们仅仅把注意力放在学生的短板上，而忽略其他情况，这对他们也毫无益处。发挥优势法假定的是，学生可以从优势和能力中成长和发展（见表1.1）。

表1.1 发挥优势法概述

发挥优势法是	发挥优势法不是
• 给予每个人同样的重视，关注孩子能做什么，而非不能做什么。 • 以尊重和诚实的态度描述学习和发展。 • 在最近发展区和潜在发展区培养孩子的能力。 • 承认人们在遇到困难和挑战时，需要关注和支持。 • 明确学习和发展顺利进行时会发生什么，以便复制、进一步完善并强化教学。	• 只关注积极方面。 • 回避真相。 • 纵容不良行为。 • 专挑毛病。 • 忽视问题。 • 片面。 • 给个人贴标签。

来源：Victoria Department of Education and Early Childhood Development（2012，p.7）。

如果发挥优势法缺席，缺陷思维就会出现。这种"指责受害者"的观点关注的是内在缺陷，这些缺陷可能是"认知、行为、动机或背景的"（Kennedy & Soutullo，2018，p.12）。教育工作者用这种缺陷思维为自己免责，实际掩盖的是他们的无能为力（p.11）。瓦伦西亚（Valencia，2010）谈到，缺陷思维体现在以下几方面：

> 教育工作者用这种缺陷思维为自己免责，实际掩盖的是他们的无能为力。

1. **指责受害者**。认为学生的失败源于个体特征（种族、民族、语言能力、社会经济地位）。
2. **时过境迁**。将问题归咎于背景，如家庭或文化。
3. **可教育性**。认定学生不善于学习（例如，"这些方法我都试了，但都没用"）。
4. **伪科学**。戴着"缺陷"的有色眼镜获得或解读证据，并将其视为学生失败的原因（例如，使用行为日志鼓励家庭惩罚）。
5. **压制**。制定对某些学生不利的政策，如补习班和零容忍的停学、开除政策。
6. **正统观念**。由于不愿尝试新事物而维持原有政策（例如，"所有行为不端的学生都要去见教导主任，因为这是我们一贯的做法"）。

在长期存在缺陷思维的课堂和学校中，黑人学生、拉丁裔学生、残疾学生、无家可归的儿童和寄养青年是高风险群体。这些学生遭受停学和开除的比例与他们在学校的表现不匹配，这也影响了入学率。想要改善年轻人的学业和社会情感生活，而他们又不在学校里，将会是困难重重的，你说是吧？当教育工作者越来越担忧学生的心理健康时，我们不能让学生与我们渐行渐远。当务之急是面向所有学生积极推广发挥优势法。

自我决定

教育科学的一个基本原则是，为学生搭建已有知识与新知识之间的桥梁。比如，如果学生没有良好的加法基础，让他们做乘法运算就是没有意义的。想象一下，学生在没有获得相关学习和问题解决支架的情况下去做乘法，结果只会沮丧不已，教师也会备感懊恼。事实上，这很可能导致"无效的失败"（unproductive failure），卡普尔（Kapur，2016）用这个词来描述缺乏指导的问题解决。

然而，我们常常期望自己、学生和学校在缺乏已有知识和指导的情况下解决问题。一位非常聪明的成年残疾人这样描述他做学生时的生活："在那里，我整天都得去做不擅长的事情。"那些年里，他一直待在特殊教育教室。他的经验是，大家对他的长处不感兴趣（他是一个了不起的数学家和计算机程序员）；相反，人们只看到他不擅长的事情（对他而言，沟通、社交和管理情绪都是巨大的挑战）。

这样的经历导致了特殊教育方法，尤其是自我决定理论（self-determination theory）的重要转变。这种转变取决于三个方面：自主权、能力和相关性（Ryan & Deci，2000）。作者指出，"人可以是主动的和参与其中的，也可以是被动的和格格不入的，这主要取决于其发展和行动的社会条件"（p.68）。换句话说，有了这些社会条件，积极性就会增加。想一想对我们自己、学生和机构来说，这些社会条件都有哪些。

- **自主权**。自主选择和自主决定有助于提升实现目标的能动性。
- **能力**。展示技能和发展新技能的能力。
- **相关性**。通过社会纽带与他人建立联系，使人不再感到孤独。

自我决定是一种思维模式，专业人士用它来提高人们的生活水平，而不仅仅是减轻人们的痛苦。它是一种激励工具，用于教育以外的广泛领域——从戒烟计划到体育教练工作。最近的一项创新应用是一所大学利用自我决定重新设计财务咨询计划（Angus，2020）。辅导员发现新冠疫情正在威胁学生的财务状况和心理健康，于是用发挥优势法来帮助学生"承认过去的成就，鼓励他们做出更多的自我决定，迈向可持续的财务未来"（p.96）。

> 自我决定是一种思维模式，可以用来提高人们的生活水平，而不仅仅是减轻人们的痛苦。

通过使用这种方法，辅导员发现大学生更有可能利用身边的资源，同时报告也显示，他们的焦虑水平也有所下降。

自我决定是在逆境中建立"修复力"（resilience）的关键。修复力是一种衡量适应变化能力的指标，尤其是当这种变化是由损失、意外、忧虑、创伤等不利事件引起之时。修复力不是一种人格功能，而是一种可以培养的力量。这是个非常好的消息。情绪智力是核心，也就是说要了解自己的长处，并能在认知上重新构建情境，以更好地理解它们。人们如果对团体怀有归属感和依附感，其修复力就会增强，从而获得慰藉和指引。情绪调节起着同样重要的作用，尤其是在识别情绪和使用技巧来保持心情平静方面。无论我们是 6 岁还是 36 岁，对这些品质的投资就是对修复力的投资，而修复力是我们每个人都需要的。

> 如果我们能用发挥优势法来看待自我，我们就能更好地将其用于学生，更好地参与自我决定。

如果我们能用发挥优势法来看待自我、处理学校问题，我们就能更好地将其用于学生，更好地参与自我决定。

本模块将从三个方面探讨发挥优势法，你将学习：

- 如何发现和培养自己的优势并认识他人的优势。
- 如何应对有挑战性的学生：了解他们的"资产"，发挥他们的优势。
- 如何在学校层面最大限度地利用发挥优势法来扩大其社会资本，增强其组织修复力。

词汇自检

要求：想一想下表中的术语。

- 如果你第一次听说这个词，请在"第1级"一列里写上日期。
- 如果你以前听说过这个词，但不确定是否能用它来造句，或不知如何给它下定义，请在"第2级"一列里写上日期。
- 如果你对这个词非常熟悉，既能给它下定义，又能用它来造句，请在"第3级"一列里写上日期。

请在本模块的学习过程中和你的日常工作中，更新你对这些术语的理解。请注意，可在表格最后的空白处添加新术语。

词汇	第1级	第2级	第3级	例句	定义
发挥优势法 （Strengths-based approach）					
自我决定理论 （Self-determination theory）					
修复力 （Resilience）					
缺陷思维 （Deficit thinking）					
认知重构 （Cognitive reframing）					

续表

词汇	第1级	第2级	第3级	例句	定义
性格优势 (Character strengths)					
刻板印象威胁 (Stereotype threat)					
资产分布图 (Asset mapping)					
社会资本 (Social capital)					

第1级 = 这对我来说是个新词。
第2级 = 我以前听说过这个词。
第3级 = 我知道定义,并能用它来造句!

本模块与CASEL框架的联系:

自我意识	自我管理	社会意识	关系技能	尽责决策
• 关于优势的知识	• 修复力 • 认知重构		• 社会资本	• 自我决定

发挥优势，从自己做起

不是我厉害，而是我身边有很多了不起的人。

我们可能听过或说过类似上面的话。有人因为取得成就而受到赞扬，他们将其归功于周围的人。这究竟是优势还是劣势？答案是：视情况而定。如果这个人总是把成就归功于运气，难以接受赞美，这可能就是劣势，但这也可能是一种性格优势。在这个例子中，这个优势便是谦逊。再加上团队合作的优势，这个人很可能成为一个很有价值的同事，能够为学校的集体责任做出贡献。

应用发挥优势法应首先从了解自己的优势开始，以便利用这些优势来弥补自己的薄弱之处。有充分的证据表明，自我认识，即了解、定义和利用自己的优势，对一个人树立信心、提升生活满意度以及个人与职业关系的质量有很大的帮助（Schutte & Malouff, 2019）。

有关性格优势的研究已经进行了 20 年。马丁·塞利格曼（Martin Seligman）与米哈里·契克森米哈赖（Mihaly Csikszentmihalyi）开创了积极心理学，前者是美国心理学会前任主席，后者因其关于"心流状态"的开创性工作而闻名。借助积极心理学的研究，研究者已经开发出了几个有效的工具来帮助人们识别自己的优势，其中最著名的是"行动价值优势问卷"（Values in Action Inventory of Strengths，简称 VIA-IS，见表 1.2）。它将人类的 24 种核心优势归为 6 种优秀品质（Peterson et al., 2005）。它们不是情绪，而是长期性的人格特征，因为情绪是情境性的、变化无常的。有效且可靠的研究表明，该工具具有很强的重测信度，也就是说，一个人的测试结果在一段时间内是稳定的，并且评估结果也具有较高的准确性。你可以访问 https://www.viacharacter.org/character-strengths，了解更多关于核心优势的信息。

表 1.2　行动价值优势问卷：性格特质与优秀品质

	性格特质				
优秀品质 1：智慧	创造力	好奇心	判断力	求知心	洞察力
优秀品质 2：勇气	勇敢	毅力	诚实	热情	
优秀品质 3：人性	有爱心	善良	社会智力		
优秀品质 4：正义	团队协作能力	公平	领导力		
优秀品质 5：节制	宽容	谦逊	审慎	自我调节	
优秀品质 6：超越	欣赏美与善的能力	感恩	希望	幽默	灵性

来源：© 2004–2022 VIA Institute on Character（n.d.）。版权所有。经授权使用。www.viacharacter.org

个人笔记

请你在本书这个部分花费一点儿时间，了解自己的优势。访问 https://www.viacharacter.org，可获得免费的在线行动价值优势问卷。只需注册一个账户，你就可以进行 240 个项目的评估。这个数字似乎有些让人望而却步，但最多只需 15 分钟即可完成。你可以在 1 到 5 的范围内对这些陈述进行打分，1 代表非常不符合自身情况，5 代表非常符合自身情况。下面是一些陈述的例子：

- 我知道我能实现自己设定的目标。（希望）
- 我总是公平待人，无论自己喜欢与否。（公平）
- 我每天总会花一些时间来细数幸福之事。（感恩）

问卷完成后，你立刻会收到一份简短报告。这份报告会按序排列你的优势，首先是你的核心优势，然后是你的普通优势，最后是你的次要优势。我们保证，它有别于杂志上的测验。它被广泛使用，并出现在《心理学家的案头参考》（*Psychologists' Desk Reference*）一书中。

在收到结果后，请反思你对自己的了解以及自身的核心优势。

你意料之外的是	你意料之中的是

提升优势，培养修复力

了解自己的优势并有意利用这些优势，有助于提升自己的能力，实现个人目标与职业目标。再次强调，次要优势并非缺陷，而是你利用频率较低的优势。如果你想提升次要优势，就去试试吧。性格优势研究的一个重要发现是，优势和劣势并不是一成不变的，也不是与生俱来的，是可以有意培养的。请记住，你的核心优势也为你提供了成长和发展的途径。它们是培养个人修复力和职业修复力的关键。

> 性格优势研究表明，优势和劣势并不是一成不变的，是可以有意培养的。

了解自己有助于培养修复力，特别是当你身处人生的动荡之时，你可能会有意识地利用自身优势度过这段时期。不幸和挫折时有发生，修复力本身并不能阻止它们。然而，修复力会影响你处理这些事件及其引发的变化的能力。变化也可以成为创新的动力。尽管变化可以带来无限可能，但它总是困难重重，有时让人措手不及。我们深知变化无时不在、必不可少，但大多数人并不渴望变化。我们的同事凯茜·拉塞特（Cathy Lassiter）提醒道："改变是好事，你先来。"就拿疫情来说，可以肯定的是，它已经深刻地改变了学校的运作方式，从后勤安排到我们与学生、同事和家庭的互动方式。但正如阿圭勒（Aguilar）的明智之言："我们深知，修复力的核心在于，学习如何在翻涌的波涛中乘风破浪，带着欢欣扬帆远航。"（2018，p.268）

实例

汉娜·普里查德-琼斯（Hannah Pritchard-Jones）在她曾就读的学

校教六年级社会学。这是她梦寐以求的工作，也是她第一年从事全职教学工作。她的大学预科课程是在另一个地区上的，那是一段较长时间的全日制远程学习，所以她的经历跟之前的实习教师有所不同。她在真实的课堂上教学已有几个月了，坦率来讲，她总会感到不知所措。课堂上存在不同层次的管理要求，她不知道怎样寻求帮助，害怕这会被视为软弱的表现。在与教研员的谈话中，所有的迷茫和焦虑达到了一个临界点：普里查德－琼斯流着泪坦白，她觉得自己不适合教书。尽管她也说，工作中最大的成就是与学生建立了良好关系。

教研员看到这位新手教师正处在十字路口，希望能帮她树立自我决定意识，从而形成自己的判断力，因为教研员知道这将有助于她培养修复力。针对下面每一方面，你都会给他们提出什么建议呢？

自主权	能力	相关性

帮助学生发挥优势

能够发挥自身优势的学习者更有可能学得更快、更透彻（Clifton & Harter，2003）。除了学习成绩提高之外，这样的学生往往体现出掌控感和成就感，并有动力去接受新的挑战。这也正是"可见的学习者"定义的核心。当然，可见的学习者并不是偶然出现的。教育工作者创造条件，让教师能够通过学生的眼睛去看学习，可见的学习者才由此产生（Hattie，2012）。

> 能够发挥自身优势的学习者更有可能学得更快、更透彻。

符合"可见的学习"的许多条件与自主权、能力和相关性三个方面多有交叉。发挥优势法对每一个方面都有促进作用，例如：

- 在课堂上为学生创造机会，对重要事项做出选择和决定，体现了发挥优势法对培养自主权的作用。
- 持续开设文化课程，让学生能够运用文化和语言知识提高自己的能力（Paris & Alim，2017）。
- 当学生有很多机会彼此合作并了解自己时，社会相关性就会得到更充分的发展。

我们发现，在学生团队中建立集体效能是非常重要的。让团队决定合作方式，承担决策责任，并提供合作所需的社会技能方面的指导，有助于建立集体效能（Hattie et al.，2021）。

把学生当作资产来投资

要想发现学生的优势所在，你需要对他们带到课堂上来的一切了如指掌。这些资产，包括家庭背景、文化水平和个人经历，形成了个体的独特优势。细心的教育工作者会告诉你，即使是教同一年级或同一

> 要想发现学生的优势所在，你需要对他们带到课堂上来的一切了如指掌。

学科，他们的课堂上也没有哪两年的教学是完全相同的。这是因为每一年的学生都各不相同，这些独特的个体塑造了不同的课堂动态。用斯泰尔（Style，2014）的话说，"一半课程走入课堂，一半课程走入生活"（p.67）。她指出，对很多年轻人来说，书架上的内容并不能反映学生的生活。

现在，让我们把学生的资产与归属感联系起来，我们将在下一模块中更深入地探讨归属感这一概念。在课堂和学校，部分学生的归属感下降，他们在教室里学到的知识与生活中的情况并不相符，这就为"刻板印象威胁"的扎根提供了沃土。刻板印象威胁是"负面的社会刻板印象对［一个］群体的智力和能力进行确认或做出评判"的威胁（Steele & Aronson，1995，p.797）。人们认为，刻板印象威胁对记忆力和注意力都会造成不良影响，从而影响学业成绩。黑人学生更容易遭受刻板印象威胁，拉丁裔、亚裔美国学生，数学和科学课上的女学生以及残疾人群体也面临着同样的威胁。它是能够对学生的学习产生消极影响的因素，其效应量为 -0.29（见 www.visiblelearningmetax.com）。

基于学生资产的课程开发方法可以作为应对刻板印象威胁的一种平衡手段。你可以想一些办法来介绍对你所教学科做出了贡献的人，而不是局限于教科书涉及的范围。当然，要确保课堂上讲解的内容可以反映出学生的特点。不能只局限于了解学生的年龄、民族等表面信息，而要问问自己："我真的了解每个学生吗？"如果答案是"并不尽然"，那就看看资产分布图吧。

资产分布图由学生自己绘制，是对他们可以利用的文化优势和社区资源所做的视觉化呈现（Borrero & Sanchez，2017）。你可能见过其他类型的资产分布图，例如，附有说明的城市地图，上面标出了博物馆、公园和图书馆等地点。你不妨把学生的生活想象成一座城市。

学生用探究的方式来探寻家庭故事，了解个人优势，借鉴所处社区的价值观和理念。你可以将这些资产分布图展示出来，用于课堂上的"画廊漫步"（gallery walk）①活动。在第二次画廊漫步活动上，我们还可以邀请家庭和社区成员参观孩子标识出来的资产。

举例来讲，美国萨摩亚高中（Samoan American High school）的学生将慷慨无私、家庭责任和相互尊重视作重要的文化传统，正是这些传统支持他们一代又一代地投身于系统性种族主义的抗争中（Yeh et al., 2014）。现在想想，教师如何利用这些文化资产呢？慷慨无私是开展高水平合作学习的必要条件；家庭责任的价值观可以为年轻人提供动力，帮助他们明确惠及家庭的升学志向和职业理想并为之奋斗；而相互尊重则向学生传达了无条件积极关注的重要性。了解学生的文化资产（并利用这些资产）可以提高你的工作效率。学生对自身文化资产的了解，有助于他们发现自己的力量。

> 学生对自身文化资产的了解，有助于他们发现自己的力量。

年龄较小的学生可能会积极回应这样的问题：深入探索家族历史的问题、制定自己生活时间表的问题、找出对他们而言意义重大的地点和传统的问题。比如：

- 谁对你伸出援手？
- 你对自己的文化了解多少？
- 谁能帮助你了解自己的文化？
- 你的家庭有哪些重要传统？
- 你的社区有哪些重要传统？

---

① 这是一种用于批判性反馈的规程，以便学生从同伴那里获得改进现有工作的反馈。通常的做法是将需要评价的作品挂在墙上，请学生安静地在房间里走动，观看展示的作品。然后让学生把反馈意见写在便利贴上，粘贴在展示作品的旁边。——译者注

年龄较大的学生则可以补充更多塑造他们祖先生活形态的历史故事，也可以了解他们关注的当地社区领导和机构，并汇报自己力所能及的宣传和服务。例如，青少年可能想分享自己经历过哪些困境，关心哪些社会问题，以及祖先的所作所为如何影响他们现在的生活方式。

个人笔记

想想你在课堂上或学校里会如何使用资产分布图。

资产分布图的使用对象是谁？	
资产分布图如何提高单元教学效果？	
资产分布图能带来哪些好处？	
你有哪些资源（例如，社区伙伴关系、家庭协作）来做到这一点？	
你需要哪些资源来实现这一点？	

投资学生能力，了解其优势

资产分布图为学生提供了一个窗口，让他们看到在课堂上，自己的哪些方面受到了师生的重视和尊重。确保学生了解他们作为个体所拥有的优势，从而使这一对话得以继续。正如我们在上一部分中提到的，行动价值优势问卷是一个基于性格优势研究的有用工具。网上还有一个可供 8 至 17 岁学生确定核心优势的版本，共有 103 个问题，需要 10 至 15 分钟完成。为方便学生阅读，这些问题会根据年龄的不同做出进一步调整。你可以访问 https://www.viacharacter.org/surveys/takesurvey 进行评估。

重要的是，要让家长看到孩子的长处。如果某个孩子有过辍学经历，家长就可能不抱太大期望，因为他们没有见证过孩子的成功。因此你在与家庭的互动中，就要确保强调孩子做出的贡献。很多时候，家长说，只有当孩子出现问题，通常是行为问题的时候，他们才会收到学校的消息。要想打破这种传统做法，教师应定期与名册上的每个家庭进行联络，谈谈你看到学生有哪些优点，增加与身陷困境的学生沟通的次数。可以采用写便条、打电话或发短信的形式。大部分学校使用学生管理信息系统（MIS）来管理成绩册，家长可以登录访问。你可以在系统中添加一个版面，用来点评孩子的长处，供家长浏览。

家校互动的形式往往是家长—教师会议。我们积极推荐教师向孩子和家长提出一系列问题，以帮助他们将注意力放在优势上。在我们学校，特殊教育工作者在对即将入学的九年级学生进行暑期家访时，也使用了类似的问题。这些问题出自"你的治疗资源"网站（Your Therapy Source，2019），该网站致力于为儿科治疗师、教育工作者和家长提供资源。

1. 这个学生最擅长的是……
2. 这个学生在……方面能力非凡。

3. 这个学生经常因……而受到认可。

4. 这个学生在……时会露出笑容。

5. 这个学生最高兴的时候是……

6. 这个学生在参与……时最积极。

7. 这个学生在……方面，比其他学生做得更好。

8. 这个学生对……颇有兴趣。

9. 这个学生对……积极性颇高。

10. 这个学生总是在……时以自己的表现为荣。

要发现学生的优点，需要有意而为之。我们所有人或许都曾试图分门别类地记录下学生的所有错误做法，而没有注意到有效的做法，以及这个学生有哪些优势。通常来说，挖掘学生的长处对改变他们的学习轨迹来说至关重要。

个人笔记

现在该你来试一试了。从理论角度谈论发挥优势法并不难，但当我们谈论某个学生时，情况就不那么简单了。他就是那个让你为了取得教学突破而彻夜难眠的学生，那个让你失望烦心的学生，那个让你想要逃避、不想走进教室的学生，因为你知道他今天来上学了，而你实际上并不想见到他。现在你的脑海中已经有了"那个学生"的人选，请根据下列提示回答问题。

1. 这个学生最擅长的是……
2. 这个学生在……方面能力非凡。
3. 这个学生经常因……而受到认可。
4. 这个学生在……时会露出笑容。
5. 这个学生最高兴的时候是……
6. 这个学生在参与……时最积极。
7. 这个学生在……方面，比其他学生做得更好。
8. 这个学生对……颇有兴趣。
9. 这个学生对……积极性颇高。
10. 这个学生总是在……时以自己的表现为荣。

　　如果你无法回答其中任何一个问题，那就说明你需要更多地了解这个学生。如果你成功地给出了积极的答案，那就想想如何利用这些优势。

实 例

洛克代尔社区学校（Rockdale Community School）的学前教育工作者正在讨论如何提高技能，为年幼的学生制订发挥优势的计划。该校的学前教育对残疾儿童和非残疾儿童一视同仁，具有极大的包容性，这种做法得到了美国幼儿教育协会（National Association for the Education of Young Children）的认可（Barton & Smith, 2015）。他们总结了最能代表本校学生的三种情况（如下表），并从这三个方面入手尝试运用发挥优势法。利用你对优势的了解，帮助他们改写这些表述。请回顾表1.1，了解什么属于发挥优势法，什么不属于发挥优势法。

缺陷型表述	优势型表述
麦迪逊在早上很难快速进入学习状态，要过很长时间才能安静下来。	
卡洛斯的母语并非英语，他无法用英语向老师表达自己的需求。	
卡丽娜常常对其他孩子又抓又打，以此引起他们的注意。	

依靠学校推动发挥优势法

你所在的学校目前是否充分利用了自身的优势？传统学校的组织结构往往像一座孤岛，教职工分属不同的部门，埋头于各自负责的工作，很少接触其他部门和工作。其结果是，有时候教职工因意图各不相同而互不理解。这种情况的出现并不是谁有意而为之的，而是学校工作被细分、部门间各忙各的所导致的。这不一定是学校规模的问题。我们见过有2000多名学生的大型高中，却具有非凡的凝聚力，也见过只有200名学生的小型学校，却毫无协作可言。

学校的社会资本：着眼于优势

在学校待发掘的优势资源中，有一项便是社会资本。"社会资本"这一概念源于经济学，描述的是群体之间相互投资的方式。我们要讲的不是投资金钱，而是投资彼此之间的关系。重要的是，这些关系网络还可延伸到学校与社区的关系中。学校的社会资本是共同使命、价值观和规范的产物，它是一种无形的资本，与学生的成就密切相关。

芝加哥学校研究联合会（Chicago Consortium of School Research）介绍了社会资本发挥作用的一个著名例子。他们对该地区的100所小学展开了研究，通过控制社区的人口统计数据和社会经济地位等变量，来确定一些学校何以成功，另一些学校何以失败。报告的结果令人咋舌。他们发现，学校的相对社会资本，也就是校内和社区的关系网络，可以预测学生的学业成绩、衡量学校的安全（Bryk，2010）。这可谓意义重大。在一个社会资本丰厚的学校社区中，孩子在校内和校外都能找到盟友和支持者。反过来，他们也被看作各具优点的个体。

高中在很大程度上依靠其社会资本运行，尽管他们可能没有意识到这一点。事实证明，社会资本可以预测毕业率、阅读分数和数学分数。塞卢姆及其同事（Salloum et al.，2017）对96所高中的社会资本进行研究，发现了以下四个重要特征：

- 学校的规范行为（解决问题的方法、做决策的方法）。
- 关系网络（教师、学生及其家庭之间的三角人际关系）。
- 信任家长（学校教职工相信，家长和教师能开展有效的合作以实现共同目标）。
- 信任学生（学校教职工相信，学生与教师能开展有效的合作以实现共同目标）。

与小学的研究一样，这些高中的社会经济地位与其社会资本并不完全成正比。事实上，有一些资源丰富的学校，其社会资本却很匮乏。研究人员报告称，"在我们的研究中，教师、家长和学生之间的连接更紧密的学校，其平均成绩更高"（Salloum et al.，2017，p.20）。

> 了解家庭和社区所拥有的资产，就有可能利用它为学生谋福利。

拥有丰厚社会资本的学校会促进和利用其成员的优势。学生被视作独立的个体，每个人都为学校带来了自己的优势。学校的工作人员了解自己的优势，并能看到他人的优势。社区也被视为一种资产，而不是一个需要解决的问题。正是这些行为者——教师、学生和家长之间的频繁互动，促进了学校社会资本的积累。发现自己和学生的优势，是建立有意义关系的基础。了解家庭和社区所拥有的资产，就有可能利用它为学生谋福利。

个人笔记

你了解你所在学校的社会资本吗？先使用表 1.3 中的社会资本量表对学校教职工进行调查（当然，可以通过文本转语音工具进行翻译或发放），然后将结果制成表格，看看社会资本在学生、家庭和社区中的相对分布。如果你发现学校的社会资本水平较低，帮助学习者及其社区培养发挥优势的观点也许就是提高关系网络质量的好办法。

表1.3　社会资本量表

社会资本量表项	极为反对					极为赞同
教师经常与家长联系。	1	2	3	4	5	6
家长的参与对学习起到支持作用。	1	2	3	4	5	6
社区的参与对学习起到促进作用。	1	2	3	4	5	6
家长能够履行承诺。	1	2	3	4	5	6
教师对家长充满信任。	1	2	3	4	5	6
教师对学生充满信任。	1	2	3	4	5	6
可以期待这所学校的学生完成学业。	1	2	3	4	5	6
学生之间相互关爱。	1	2	3	4	5	6
家长鼓励学生养成良好的学习习惯。	1	2	3	4	5	6
学生尊重取得好成绩的人。	1	2	3	4	5	6
这里的学习环境有序而严肃。	1	2	3	4	5	6

来源：Goddard（2003，p.71）。经授权使用。

认知重构提升组织修复力

关爱和同情需要我们去感受他人的需求，进而采取行动帮助他人。这样做的一种工具叫作"认知重构"。当一个事件发生时，我们首先会想到的是它对我们造成的影响。换句话说，我们通过自己的视角来看待事件。有一个众所周知的现象，即在创伤性事件发生的那一刻，我们会去回忆自己在哪里，在做什么。当你听说航天飞机爆炸或政治领导人被暗杀时，你可能会回想自己当时正在做什么。虽然我们没有亲历该事件，但我们首先关注的是发生在自己身上的事情。我们职业生涯中发生的许多事件和情况，很少甚至几乎没有能达到极端创伤的程度。我们只是借此例子来说明从自身情感出发处理事件的自然倾向。

现在想想在我们职业生涯中发生的一些更常见的事件，例如与同事起了争执。这本不值一提，却困扰我们，很有可能导致我们以偏概全。如：

- 以前就出现过这样的情况，肯定还会有下次。
- 她跟我说，他们不在意上一个项目，所以这个项目他们肯定也不会用心去做。
- 那人总是那样。
- 我以前和他那样的人一起教过书。他们这类人都会那么做。

> 认知框架是一种工具，可以作为反思性思维和培养修复力的一部分。

我们的大脑是模式检测器。有时这些模式对我们有益，但有时我们用来感知情况的框架会妨碍我们治疗沟通中的"痼疾"。久而久之，它就会耗尽一个组织的精力，使之无法发挥各方优势（你会想起，发挥优势法的一个核心原则是直面挑战，而不是回避矛盾）。这可能就需要我们仔细考虑这些框架并有意识地重构，以此推动进程。认知框架是一种工具，可以作为反思性思维和培养修复力的一部分（Pipas & Pepper，2021）。这种技术是一种有意识的决定，用来找出并去除消极的思维模式。在学校，认知重构有助于解决教育工作者和学生之间的沟通问题，提升工作人员的能力。接下来，我们将介绍一个在学校发生的负面事件，并说明如何对其进行认知重构。

> 个人笔记

第一步是描述情况。把事件的经过写下来,以便清楚地分析当时的情况。尽量想象,以便进行细节描述。

1. 描述情况	
示例	你的经历
蒂姆是你所在年级会议的一员。在讨论某个话题时,他经常用自己的看法来打断别人,并且总是对别人的想法不屑一顾。他常说的一句话是:"我以前也试过这样做,没什么用。"	

第二步是明确感受。遇到这样的情况,你会有或有过怎样的情绪反应?

2. 明确感受	
示例	你的经历
我感到沮丧、愤怒和怨恨。我觉得我的想法被轻视了。	

第三步是厘清并阐明思路。一旦明确了自己的情绪,就整理一下自己的思路。在你明确情绪时,一些想法可能就会涌现出来,你就要花一些时间思考,因为这有助于你重构情境。在你厘清并阐明思路时,想想对方的意图是什么。问问自己,你觉得会发生什么,这些事件又会产生什么影响。想想你所期待的结果是什么。

3. 厘清并阐明思路	
示例	你的经历
我觉得蒂姆无视他人的付出。这是对我的不尊重，让我颜面无存。这也破坏了我们俩的关系。	

第四步是重构情境。在厘清并阐明思路后，你就可以对这个情境或事件进行重构。想一想，对方的意图跟你的想法是否不同？对方采取这样的行为是否还有别的原因？你还能想到别的结果或原因吗？

4. 重构情境	
示例	你的经历
好吧，或许蒂姆觉得是自己做事没效率，所以他才常说没什么用。或许他今年的班很难带，所以害怕自己做不好。	

第五步是重新审视自身感受。一旦你有了别的思路，就可以检验一下自己的想法和假设。要是这一年对蒂姆来说，无论是个人生活还是职业生涯，都很艰难呢？这样你的感受是否会有所不同？要是他真的因为付出了努力却失败了，才觉得自己无能为力呢？要是用这样消极的方式参与讨论，只是出于他的个人习惯呢？上述任何一种情况都有可能，不妨去了解一下。但在你做调查甚至改变思路之前，你需要根据重构的情境想想自己的感受。

5. 重新审视自身感受	
示例	你的经历
我需要与蒂姆进行一次真诚沟通，没有旁人在场。一想到蒂姆并不是针对我，我就感觉好多了。我想知道蒂姆究竟发生了什么，或许我可以帮助他。我想跟他进行一次坦诚相待、颇有成效的交流，这样做很有必要。	

实例

月初，帕克高中（Park High School）开展了社会资本调查，学校领导层正在对调查结果进行研究，以此了解自身的优势及成长契机。值得注意的是，领导团队既包括行政人员，也包括部门负责人、分管科室的代表及家校组织。这所学校致力于推动发挥优势法已有一年的时间，并将社会资本视为一种努力成果。他们对自身情况做出了定量分析，如表1.4所示。

表1.4 帕克高中的优势和成长契机

帕克高中的优势	帕克高中的成长契机
• 教师经常与家长联系。	• 学生尊重取得好成绩的人。
• 家长鼓励学生养成良好的学习习惯。	• 可以期待这所学校的学生完成学业。
• 这里的学习环境有序而严肃。	• 社区的参与对学习起到了促进作用。

你会给这所高中的领导层提什么建议?时刻牢记要用到发挥优势法。你可能需要回顾一下我们在本模块开篇讲的如何判别发挥优势法。这次我们用"学校"一词来代替"学生"或"孩子"。另外,对于资产分布图,或许你也有一些自己的看法。

关于利用优势的建议	关于成长的建议

自我评估

《发挥优势的领导力》(*Strengths-Based Leadership*)一书的作者拉思和康契(Rath & Conchie, 2009)写道:"如果我们将注意力放在他人的弱点上,他们就会失去信心。基本来讲,当我们专注于自身的弱势而不是优势时,就很难建立自信。"(p.14)使用下面的自我评估工具,想想作为一名教育工作者,你具备哪些优势。

实践清单:发挥优势法

使用下面的红绿灯量表,反思目前你在自身、学生和学校层面,有哪些做法与发挥优势相关。你想加强哪些方面?

自身层面的机会	
	● 红　　● 黄　　● 绿
我了解自身优势。	
我知道优势是可以培养的。	
我可以利用优势来增强修复力。	
学生层面的机会	
	● 红　　● 黄　　● 绿
我清楚文化传承教学法与学生优势之间的联系。	
我清楚自我决定这一原则对培养学生优势的重要性。	
我采用或计划采用一种方式来了解学生为学校带来的资产。	
我有意让学生了解自己的优势。	
对于那些有挑战性的学生,我采用发挥优势法。	

续表

学校层面的途径	红	黄	绿
我试图了解所在学校或地区的社会资本。			
我所在学校采用各种策略在学生、教职工和学生家庭中建立并加强社会资本。			
我了解发挥优势法和社会资本之间的联系。			
我积极参与并采取行动,促进自己重构认知。			
我积极参与并采取行动,促进自己重构认知去帮助身处困境的同事。			

思考题

- 要将"红灯"变成"黄灯",我该怎么做?

- 要将"黄灯"变成"绿灯",谁会给予我支持?

- 如何利用"绿灯",为集体谋福利?

online resources

获取本模块的资源、工具和指南,请访问:
resources.corwin.com/theselplaybook

模块 2

身份认同、归属感与亲社会技能

情境描述

如果一个人在学校感受到接纳、尊重、包容和支持,那他就获得了归属感。这既适用于教职工也适用于学生。在归属感较强的学校里,学习环境处处体现出对个人及其各种身份的尊重。注意,我们谈论的是"身份"。我们的身份由一系列因素构成。有些是显性的,有些是隐性的。为了更好地理解身份,萨特菲尔德(Satterfield,2017)建议我们想想冰山活动。冰山的大部分都在水面之下,这是我们看不到的。但就是在这样视线不可及的地方,我们却要航行其间,祈祷着不要撞到隐藏在水下的部分。

> 我们的身份由一系列因素构成。有些是显性的,有些是隐性的。

多米尼克老师将这种身份练习运用到学生中——他让学生推测他的个人履历。学生一开始做了一些比较保险的推测。他们说,他是个男的。没错,他的身份是男性。他们说,他很高。基本正确,因为他身高一米八。他们说,他是个白人。不对,他是个混血儿。他们说,他未婚,因为他没有戴婚戒。错误。他们说,他来自亚利桑那州,家境富裕。不对,他出生在加利福尼亚州,在那儿长大,父亲是一名建筑工人,母亲在他高中毕业之前一直在一家为发育障碍人士提供住宿设施的机构工作。他们说,他的名字听起来像女孩的名字。对,但他解释说,这个名字是以篮球运动员多米尼克·威尔金斯(Dominique Wilkins)的名字命名的。他们说,他很喜欢运动。对。他们说,他的第一份工作是老师。不对,他曾在一家家居用品大卖场工作过,后来这家公司破产了。

冰山活动的意义何在?个人履历具有欺骗性,人要复杂得多,有趣得多。当我们仅凭一面之缘就做出推测时,往往会偏离真相。正如萨特菲尔德(2017)所说,"你的工作是学会如何引出每个人的故事并细细品味"。他还指出,了解你自己的故事和身份同样重要。

构成我们身份的要素包括种族、民族、性别、性别认同、年龄、性倾向、身体特征、个性、政治派别、宗教信仰、职业身份等。图 2.1 由宾夕法尼亚州的一个社区培训团队绘制，形象地展示了个人的身份网络。当然，身份要素还可以包括如创伤、政治信仰等其他方面。重点在于，人是复杂的，我们的身份涵盖了方方面面。

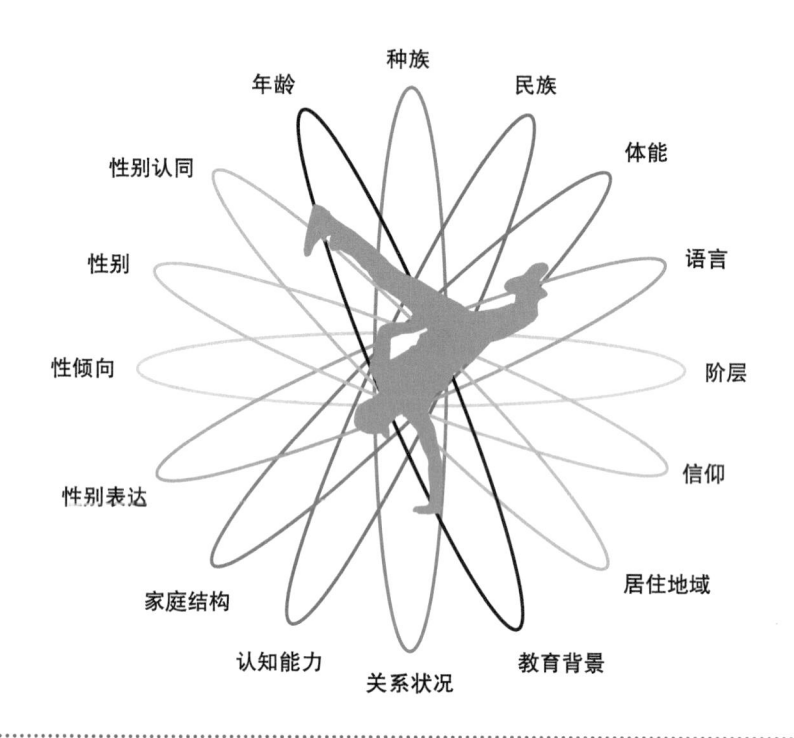

图 2.1　身份网络

来源：Allegheny County, Pennsylvania, DHS LGBTQ Community Training Team/SOGIE Project Team。经授权使用。图片由 123RF 提供。

请注意，这些构成我们身份的因素中，有些是稳定的（如身高、肤色），有些是随着时间的推移而变化的（如关系、教育）。民族、种族和文化是影响身份形成的几个复杂因素。群体成员定义其群体的方式和社会定义这些群体的方式都在不断发生变化。一个人在群体中会形成一种自我意识，社会身份认同理论（见图 2.2）即探讨了他如何从中确立自己的身份。正如萨特菲尔德（2017）所说，"我们试图找到自己的群体，同时能够与他人建立联系并相互理解"。

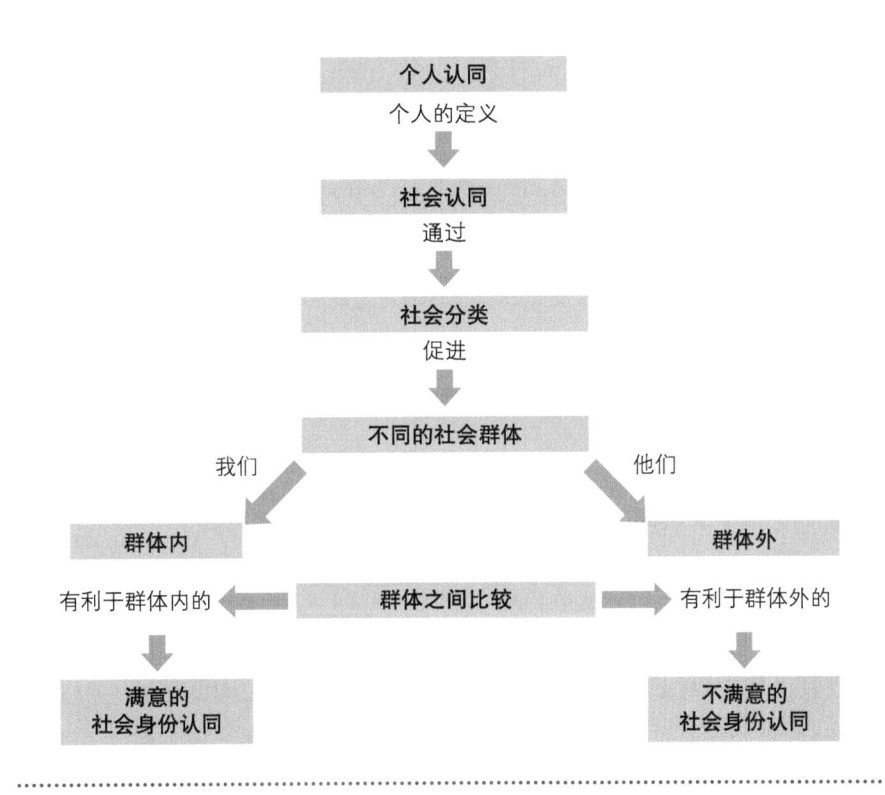

图 2.2 社会身份认同理论

来源：Y Studios（2020）。

图 2.2 中有几点需要注意。例如，这里有"群体内"和"群体外"、"我们"和"他们"之分。社会问题会反映在课堂上，使部分学生有归属感，部分学生没有归属感。归属感会影响教育成败、驱动力、出勤率和其他一系列结果。正如鲍恩（Bowen，2021）在与格雷（Gray）的讨论中所指出的，"学生会选择让他们感到自如的学习环境"。

> 学生会选择让他们感到自如的学习环境。

另外需注意，当出现群体内的社会身份认同较高，而群体外的社会身份认同较低这样的情况时，社会身份认同会变得比个人身份认同更重要。

学校是个人培养身份认同的地方。教育工作者通常会与学生相处较长的时间，因此其所作所为可以促进或阻碍正面的个人身份认同和社会身份认同，对学生产生强有力的、终其一生的影响。举个例子，在开学的第一周，乔丹被要求加入小组做项目。乔丹的反应是："为什么要我参加？我只会把事情搞砸。我是个坏孩子。"乔丹的老师在私下与他交谈时，发现了他的"失败史"，比如多次受到停课和纪律处分。长此以往，乔丹就给自己贴上了这样的身份标签。正如乔丹对老师说的那样："看吧，我在学校表现糟糕，而你只会像其他人一样把我踢出局。所以我们不要再演戏了。"乔丹在之前学校的社会互动经历，在很大程度上塑造了他的身份认同。

当然，教育工作者也可以通过积极的互动，帮助学生塑造身份认同并建立归属感。在提供完备支持的条件下对学生抱有较高期望，让他们知道自己是可以犯错的，都是可以确保学生取得成功的做法。一位老师对学生说："你会犯错，说明你是雄心勃勃的。犯错让我看到你在勇于开拓，而不仅仅满足于待在舒适区。"同时，课堂和课程设计需要反映学生鲜活的经历，让他们了解自己的文化和他人的文化。

> 在本模块中，你将学习：
>
> - 你的经历如何塑造你的身份认同和归属感。
> - 关于建立归属感的经验。
> - 如何创建正面的学校身份认同。

词汇自检

要求：想一想下表中的术语。

- 如果你第一次听说这个词，请在"第1级"一列里写上日期。
- 如果你以前听说过这个词，但不确定是否能用它来造句，或不知如何给它下定义，请在"第2级"一列里写上日期。
- 如果你对这个词非常熟悉，既能给它下定义，又能用它来造句，请在"第3级"一列里写上日期。

请在本模块的学习过程中和你的日常工作中，更新你对这些术语的理解。请注意，可在表格最后的空白处添加新术语。

词汇	第1级	第2级	第3级	例句	定义
身份认同 （Identities）					
文化 （Culture）					
归属感 （Belonging）					
身份安全的课堂 （Identity-safe classrooms）					
亲社会技能 （Prosocial skills）					

续表

词汇	第1级	第2级	第3级	例句	定义
声誉资本 （Reputational capital）					
品牌塑造 （Branding）					

第1级 = 这对我来说是个新词。
第2级 = 我以前听说过这个词。
第3级 = 我知道定义，并能用它来造句！

本模块与 CASEL 框架的联系：

自我意识	自我管理	社会意识	关系技能	尽责决策
• 身份认同 • 资产		• 身份认同 • 归属感 • 亲社会技能	• 归属感 • 积极倾听 • 文化能力	• 声誉资本

培养身份认同与归属感，从自己做起

我是谁？

纵观人类历史，这个问题一直激励着无数哲学家、诗人、学者和精神领袖不断去探索。尽管我们对自我的定义会随着各人经历的不同而变化，但我们探索自身的步伐从未停下。教育工作者要想塑造身份认同，首先要加深对自身的了解。人们总认为，教育工作者要不断为他者——学生、同事和教育系统做事，这是一个误解。尽管付诸行动至关重要，但如果不先弄清自己的身份，就会事倍功半。本模块的第一部分，将详细探索自我身份，这是探索自我与他人关系的起点。

> 探索自我身份，是探索自我与他人关系的起点。

了解自我是在学校开展社会情感学习工作的基础。探索自身的文化影响和自我身份，让我们得以深入了解看世界的框架，以及这个框架如何限制我们的观点。这也是上一模块中讨论的认知重构可以成为有用工具的原因。我们在与具有不同认知框架的人接触时常常会产生误解。但是，我们的认知框架也会维护那些对儿童和社区造成持续伤害的体制障碍和结构障碍。当有人提出破除体制障碍时，我们必须清楚，作为这个体制的一部分，我们也在维护它上负有一定的责任。如果我们不清楚自己是谁，不努力培养归属感文化，我们怎么能指望别人这么做？

文化到底是什么

文化的传统定义，也就是我们在学校学到的定义，通常聚焦于显性和隐性的行为模式、语言、符号和价值观，这些因素使人类群体区别于其他群体。我们认为，如果谈论的是在地理上与世隔绝、从未与其他人接触的群体，那么从历史的角度看，这个定义是可取的。但在当今这个万物互联的世界，我们如果还认为一个人只属于一种文化，显然不切实际。以下面这个人为例，想想他可能受到的所有文化影响。

> 一位来自波士顿的32岁历史教师在犹他州的一所乡村学校教书。他的身份信息描述如下。男性，喜欢听雷击顿音乐，正在自学西班牙语。他的家庭有宗教信仰，但他并不奉行他从小到大浸润其中的正式信仰。他是第一代美国人，他的家人是印度的宗教少数群体，为逃避压迫，从印度移民到美国。他曾在美军服役，在阿富汗担任特种部队军官。他进行纤维艺术创作，不久前加入了当地的一个艺术团体，展出自己的作品。他喜欢墨西哥食品，并很庆幸能在附近找到一家好吃的餐馆。

你可以给他贴一个单一的文化标签吗？我们最早的文化影响来自家庭，随着时间的推移，我们的经历日渐丰富，与家庭以外的世界有了更多交集。理解我们的认知框架要从我们自身的家庭经历开始。

个人笔记

想想你的原生家庭或组建家庭，从反思开始创建属于你自己的文化自传吧。

什么时候在哪儿出生？	
18岁之前住在哪里？	
父母是在哪里长大的？	
祖父母是在哪里长大的？	

续表

在成长过程中,你们家中举办过哪些庆祝活动?	
当家里要做重大决定时,谁参与决策?有没有人拥有最终决定权?	
成年后,你在做重大决定时,是和家人商量,还是仅仅在做出决定后告知他们?	
成年后,你会和家人讨论自己的想法,分享自己的感受吗?	
成年后,你会和外人讨论自己的想法,分享自己的感受吗?	

种族身份认同

我们的文化影响源于家庭经历,但也不止于此。一个人的身份还受到多种因素的影响,包括种族、性别、性别认同、性倾向、民族、经济阶层、国籍、公民身份、宗教和个人能力等。

我们将谈论一个重要身份——种族。你分析过影响你种族身份认同的经历吗?我们必须正视自己的经历,分析那些我们认为是理所当然的信息。这样做使我们有机会看到:我们由社会塑造,我们的一些信念与我们日益追求公正的目标相悖。而有了这样的认识后,我们就能行动起来,为那些与我们不同的人发声。我们都需要了解自己的种族自传(如下所示),这样才能为学生和同事创造安全的学习场所。

种族自传的反思提示

让我们从标志性事件开始。关于种族、种族关系和种族主义,你能回忆起哪些最早发生和最近发生的、可能会对你目前的观点和经历产生影响的事件和对话?

- 最早的经历:你第一次处理种族或种族主义问题的个人经历是什么?描述一下当时的情况。
- 最近的经历:你最近一次处理种族或种族主义问题的个人经历是什么?描述一下当时的情况。

为了帮助你回忆最早和最近的种族经历之间的这段时间,请记下笔记回答下列问题。这些问题可以引导你思考,但不要让它们限制你的思维。写下任何相关的记忆或想法。当你确定了这一种族旅程中的标志性事件,你就可以开始写自传了。记住,这是一份动态记录,随着种族意识的变化,你会进行多次反思和更改。

1. 家庭

- 你父母是同一个种族、同一个民族吗?你的兄弟姐妹呢?你的其他亲戚,比如叔叔、姑姑呢?
- 你的父母是在哪里长大的?他们接触过哪些其他种族的群体?(你是否曾与他们讨论过这个话题?)
- 他们在成长过程中对种族关系有什么看法?(你了解吗?你有没有和他们谈过这个问题?如果谈了或没谈,请说明原因。)
- 你将自己归为白人、黑人、亚裔、拉丁裔、美国原住民,还是仅仅归为"人类"?你认为自己属于某一种族群体吗?这对你有什么重要意义?

2. 邻里关系

- 你成长的社区有怎样的种族构成?
- 你对种族的最初认识是怎样的?比如,你知道有很多不同的种族,且自己属于其中一个群体。
- 你第一次接触其他种族的情况是怎样的?描述一下当时的情况。
- 你第一次遇到种族歧视是在什么时候、什么地方?
- 你还记得从父母那里了解到哪些关于种族的信息?小的时候从其他人那里又了解到哪些相关信息?

3. 小学和初中

- 你就读的小学有怎样的种族构成?老师的种族构成情况呢?
- 想想课程中的一些内容。你听说过哪些美国黑人?你是如何庆祝马丁·路德·金日的?亚裔、拉丁裔美国人或美国原住民又是如何庆祝的?
- 思考一下文化的影响,如电视、广告、小说、音乐、电影等。你眼中的上帝是什么肤色的?天使、圣诞老人、牙仙子和洋娃娃又是什么肤色的?
- 你加入的组织(如女童子军①、足球队、教会等)有怎样的种族构成?

4. 高中和社区

- 你就读的高中有怎样的种族构成?老师的种族构成情况呢?
- 是否存在种族歧视?男女间是否存在跨种族的约会?不同种族的成员

---

① 美国女童子军是一个面向美国女孩的青年组织,由朱丽叶·戈登·洛(Julliette Gordon Low)女士创立于1912年。该组织致力于通过露营、社区服务、急救学习等活动,培养女孩的同情心、勇气、信心、领导力、创业精神和积极的公民意识。——译者注

之间是否发生过冲突？
- 你是否曾因自己属于某一种族或民族而感到耻辱或受到侮辱？
- 在高中时代还发生了哪些跟种族相关的重要事情——也许有什么事情是在校园外发生的？
- 你的家乡有怎样的种族构成？你所在的市区又有怎样的种族构成？你在参加夏令营、暑期打工等活动时有哪些种族方面的经历？

5. 现在和未来
- 你目前的工作单位有怎样的种族构成？你的朋友圈又有怎样的种族构成？这是否符合你的需求？
- 实事求是地讲，想想你想居住的地方（如果跟你现在住的不是同一个地方）。它会有怎样的种族构成？会有怎样的社会阶层构成？未来10年，你想在哪里工作？那里的种族构成是怎样的？又有怎样的社会阶层构成？

6. 一般情况
- 一提到种族，你最重要的印象是什么？又有哪些难忘的经历？你是否受到过威胁？你是否觉得自己是少数派？你是否觉得自己享有特权？

来源：Courtesy of Glenn Singleton and Courageous Conversation™。

  我们所有人都是由祖先塑造的。道格清楚地记得他有一位从亚拉巴马州来圣迭戈拜访的叔祖，这位叔祖拒绝使用某个品牌的肥皂，因为电视广告上用这款肥皂洗澡的是一个黑人男子。同一位叔祖的第二任妻子让道格关掉约翰尼·卡什（Johnny Cash）的歌，她嘴上说不喜欢他的声音，但她在谈论肤色时使用了贬义词。

多米尼克回忆起父亲曾在他们居住的城郊被警察拦下，警察询问他从哪里来，原因是该地区很少见到黑人——多米尼克的父亲是斐济人。从那以后，他的父亲开车变得非常谨慎，还警告孩子在与警察接触时要小心。

这些经历及其他千千万万次经历塑造了我们的观点。如果不分析它们，不用公平来检验它们，我们最终就可能止步于这样的简单看法：别人比我们更不幸，或我们比别人更不幸。

实例

迈克·阿尔伯茨（Mike Alberts）是一所高中的新老师，这所高中位于都市的人口密集区。他有超过20年的高等数学教学经验，将自己归为白人、中产阶级和"50岁以上"的群体。他曾在附近的一个富裕郊区教书。在应聘时，他手握含金量极高的推荐信和高级证书，成功地通过了几轮面试，并上了一堂示范课。在面试中他谈到，自己的一个弱势是缺乏在所谓的"城市学校"任教的经验。

数学教研员和系主任一直致力于让学校所有成员都获得强烈的归属感，他们将与阿尔伯茨先生合作，帮助他适应新学校。作为招聘委员会的成员，他们看到了阿尔伯茨先生作为一名数学教师的才能，但也看到他在与学生沟通方面存在的一些困难。他急于了解学生的情况，但当谈到自己的文化经历时，他却不屑一顾，说："我是白人，没有属于自己的文化。"

对此，你可以为教研员和系主任提供什么建议，以支持阿尔伯茨先生在第一年顺利开展工作？每季度找出三个可以帮助他的经验。

第一季度经验	第二季度经验	第三季度经验	第四季度经验

帮助学生培养身份认同与归属感

了解学生身份，有助于教育工作者在课堂上和学校里培养归属感。为了讨论这两方面的问题，我们在这一部分将首先深入研究归属感，然后介绍一个强有力的框架，来阐明综合两者的方法。

培养学生的归属感

关于归属感的研究非常广泛，因为它关乎一个人实现其愿望的能力。对此马斯洛（Maslow，1954）在他的需求层次理论中进行了阐述，指出每个层次都代表一种需求，只有满足了一个层次的需求才能进入下一层次。归属感与课堂和学校有关，是获得自尊和取得成就的先决条件。换句话说，当学生的归属感受损时，其取得成就的能力就会受到威胁（见图2.3）。

自我实现
追求内在的天赋、创造力、满足感

自尊
成就、掌握、尊重、认可

归属与爱
朋友、家人、配偶、恋人

安全
安保、稳定、摆脱恐惧

生理
食物、水、住所、温暖

图2.3　马斯洛需求层次理论

我们教育工作者的所作所为，可以向学生传达归属感（或疏离感）。凯斯（Keyes，2019）对十年级的学生进行了创新研究。虽然她的目的是找出教师能够传达归属感的行为，但她并没有向学生说明，而是让学生说出并描述九年级时他们最喜欢和最讨厌的课。她发现，有两种教师行为可以培养归属感：

1. 培养教师与学生的关系以及学生之间的关系。
2. 鼓励学生参与班级工作。

这两种行为以各种看似熟悉的方式体现出来，如表 2.1 所示：

表 2.1　两种课堂上教师的典型表现

最喜欢的课		最讨厌的课	
培养关系	创建学习环境	培养关系	创建学习环境
• 教师向所有学生表明自己尊重每一个学生，重视每一个学生。 • 教师会倾听并采纳学生的想法。 • 教师知道学生的发展需求，并将其纳入课程设计。	• 教师提出的期望、建立的常规十分清晰、有序，具有一致性。 • 教师确保在有人未能理解之前不会往下进行。 • 教师如实进行反馈。 • 教师给学生机会，给他们明确的指导，让他们与同伴一起开展工作。	• 学生觉得教师不喜欢自己。 • 教师很难与学生打成一片。 • 教师提供的支持不一致，几乎没有后续行动。	• 教师偏爱某些学生。 • 教师经常更换座位，以此惩罚学生。 • 没有安排课堂讨论或同伴合作。 • 教师对课程内容缺乏热情或兴趣。

请注意，这些青少年并没有说需要教师跟他们做朋友。他们说的是，在有些课上他们有更强的归属感，而在另一些课上则没有什么归属感。同时，他们把归属感与教师的行为联系起来。换句话说，归属感是情境性的，对情感环境很敏感。在后面的模块中，我们还将进一步讨论有利于培养归属感的课程设计，并再次回到归属感这个话题。

个人笔记

富有爱心的教育工作者会采取许多措施在学生中培养归属感。这些做法不是偶然为之的，我们从教室的物理特征就可看出端倪。环顾一下你的教室，检查下表，记下你为了创造归属感采取了或帮助他人采取了哪些行为。完成后，对照表中的内容进行反思。你想在哪方面加强？

特征	这一点在我的教室里是如何体现的
教室里有一个指定的场所供学生使用及存放物品	
学生可以获得资料	
班级协议被张贴出来，内容积极，得以执行	
学生的作品得到展示	
教室整洁有序	
教室中有学生活动的空间	

创设身份安全的课堂

学生和教师每天都拥有众多身份。已故的多萝西·斯蒂尔（Dorothy Steele）曾领导研究小组提出了一个框架，叫作"身份安全的学校"。现在，该研究小组在贝基·科恩-瓦尔加斯（Becki Cohn-Vargas）的领导下，致力于让学校成为所有学生都能找到归属感和学习的地方。课程是身份安全的课堂的一个标志，它采用基于资产的方法，来反映学生已有的经历，并促进其积累经验。同时，在这类课堂上，对学生学习有害的刻板印象威胁大大减少。身份安全的课堂框架与社会情感学习密切相关，由以下四部分内容组成：

1. **以孩子为中心开展教学**，提倡自主、合作与学生的发言权。
   - 倾听学生的声音，确保每个学生都能为课堂贡献力量并塑造课堂生活。
   - 为理解而教，以便学生能够习得新知识，并将其纳入已有的知识体系。
   - 倡导合作而非竞争，鼓励学生互相学习、互相帮助。
   - 提倡课堂自主，培养每个学生的责任感和归属感。

2. **将多样化当作资源来培养**，经常、真实地使用多样化材料，采用多样化想法，开展多样化教学活动，为所有学生提供具有挑战性的课程，并对他们抱有较高期望。
   - 将多样化作为教学资源，将所有学生的好奇心和知识纳入课堂教学。
   - 用高期望和学术严谨性来支持所有学生进行高水平学习。
   - 在具有挑战性的课程中，通过有意义、有目的的学习激励学生。

3. **课堂关系**建立在师生之间、学生之间的信任和积极互动之上。
   - 教师有热情、有时间来支持学习,从而与每一个学生建立起信任、鼓励的关系。
   - 通过培养积极的学生关系促进学生相互理解和关爱。

4. **创造关爱他人的课堂环境**,教授社会技能并积极实践,帮助学生在身心安全的课堂上学会相互关爱。
   - 教师利用技能,建设一个秩序井然、目标明确的课堂,以促进学生学习。
   - 学生的身心得到放松,对学校和同学感到安全和依赖。
   - 关注亲社会发展,教学生如何与他人相处,如何解决问题,如何对他人表示尊重和关怀。(Identify Safe Classrooms, n.d.)

你会发现,上述主题贯穿本书,不过在本模块中,我们将从倾听出发,正如上述框架的第一部分"以孩子为中心开展教学"所证明的那样,把倾听视为教师向学生传达尊重的重要方式。现在我们请你使用科恩-瓦尔加斯研究小组开发的工具,进一步回想自己的倾听经历(Cohn-Vargas et al., 2020)。

个人笔记

你是如何将倾听学生这一要求付诸实践的?使用下列工具来反思自己的过往经历,再收集课堂数据,进一步深化你的反思。

想想在学生时代，你有哪些在团体中发言的经历。现在成为教师后又有哪些此类经历。

你觉得在团体中可以畅所欲言吗？

哪些因素让你觉得在某个团体中发言是安全的，在其他团体中发言是不安全的？

想想那些跟你有着不同背景的学生。

他们的经历跟你的经历有什么相似之处，又有什么不同之处？

有没有学生不爱讲话，或许不是因为你，而是因为他之前被边缘化的经历？

观察课堂上学生的发言情况，简单记下学生发言的次数。你可以用姓名的首字母缩写来代表每个学生。建议你将此作为常规做法。
问问自己以下问题，并分析你的数据。

全班有多少学生在讨论中大声发言？

哪个学生多次发言？

哪个学生一直没有发言？

发言的学生和没发言的学生各自的社会身份认同如何？

续表

你如何创造更多的机会,以确保每个学生都有机会发言?
学生发言时,你会给他怎样的鼓励和肯定?

资料来源:Steele and Cohn-Vargas(2013)。

提升关爱型课堂所需的亲社会技能

在学生的学习生涯中,社会和情感生活在不断发展变化,但有几个主要的技能会深刻地影响他们与教师及同学的关系。伊利诺伊州教育委员会(Illinois State Board of Education)是全美最早为社会情感学习制定具体标准的机构之一。他们将社会情感学习列为学校健康的一个方面,并确定了学生成功所需的五种广泛的社会技能:

- 识别情绪,管理情绪。
- 表现出对他人的关爱与关切。
- 建立积极的关系。
- 做出尽责决策。
- 建设性地处理具有挑战性的问题。

许多社会情感课程和项目都配有大量材料,明确了学生所需技能的范围和顺序,帮助学生在课堂上和学校中培养积极的同伴关系及归属感。同时，这些课程和项目也能满足学生的发展需要。例如，年龄较小的学生学会了关于分享的亲社会技能，而年龄较大的学生则培养了解决问题、达成共识并做出决定的技能。然而，当这些教授社会情感学习的努力只被视为一次性的而没有后续行动时，这些努力就会大打折扣。

课堂上的归属感与同伴之间的关怀密不可分。学生之间的善意和同情弥足珍贵，这需要在日常生活中培养。教学生关心和爱护他人，不是单靠一节以"善良"为主题的课就能完成的，而需要渗透进课堂和学校的每一场对话，融入每一次学科学习。

> 教学生关心和爱护他人，不是单靠一节以"善良"为主题的课就能完成的。

与人为善是一种性格优势，因此是一种可以培养的特质。学校和课堂氛围在这方面能够发挥重要作用。最近一项研究针对近2000名13至17岁青少年展开了调查，研究发现，学生在学校中是否拥有归属感，与学生认为校园是否充满善意有很强的关联性。这种关联性是衡量"学生和他人的需求是否得到考虑、亲社会行为和积极关系是否得到鼓励"的标准（Lee & Huang，2021，p.98）。校园里的亲社会行为所传达出来的善意文化，有助于学生对校园产生归属感。举个例子，一些学校为欢迎新生并与他们建立联系，采取了由学生主导的特别行动，如由同伴主持的迎新活动。在学校有归属感的学生也更善良，与同学和教师的关系也更融洽（Patrick et al.，2007）。

> 在学校有归属感的学生也更善良，与同学和教师的关系也更融洽。

亲社会行为是一种外在行为，是有意帮助他人的行为。帮助、分享、志愿服务和给予安慰都属于亲社会行为，这些行为进一步与"相关性"联系起来。你会想到，模块1中我们提到的相关性即指免受孤独的困扰（Eisenberg et al.，2015）。而且事实证明，亲社会行为具有传染性。人们看到了他人的善意之举，就更有可能做出亲社会行为（Dimant，2019）。同样重要的是，反社会技能更具传染性（Dimant，2019）。在反社会行为程度较高的班级和学校中，学生很有可能做出类似行为。

在学校中倡导亲社会行为，包括鼓励学生参加志愿服务和服务学习的活动。在课堂上倡导亲社会行为，特别是那些融入学科学习流程的努力，提升了学生共同解决问题的能力。我们最喜欢的一个例子来自一位同事的创意实践，她称之为"化学善意的随心之举"。她鼓励学生每季度至少完成一项"随心之举"，并解释化学原理。比如，有个学生为同学烤了饼干，还解释了糖在加热时发生的化学变化；还有个学生在清洁桌面的同时，讨论了洗涤剂和表面活性剂的作用。

课堂流程既能鼓励亲社会行为，也能阻挠它。薇薇安·古辛·佩利（Vivian Gussin Paley）对此进行了一项开创性研究，她是芝加哥大学实验学校的一名幼儿园教师和研究员。某个学年，她发现一些学生排斥他人，便与学生共同创建了一个课堂规范——"你不能说你不会玩"，旨在让同伴参与活动。她在一本同名书中写下这条经验："虽然我们说的是'玩'，却营造了课堂的主要文化。"（Paley，1993，p.29）

如何待人、如何与人交谈、如何合作、如何表示关爱和关切这样的课堂承诺，为期望定下了基调。四年级教师萨拉·奥尔特加（Sarah Ortega）每年都会与学生共同创建课堂承诺。在 2021 至 2022 学年，她与学生一起做出的承诺是"看见有人郁郁寡欢，请拨开他头顶的那片乌云"。我们所在的高中确定了以下三大规则：

- 爱护自己。
- 爱护彼此。
- 爱护这个地方。

无论在哪个年级，有意识地传播关于分享、帮助、关心他人和合作的亲社会价值观，应成为课堂和学校的一个标志性特征。

个人笔记

看看你所在班级和学校的做法,它们是否体现并倡导了亲社会技能?你有什么新想法来提升这些技能?与同事合作,完成下表。

亲社会技能	你所在班级的做法	你所在学校的做法	提升技能的其他想法
帮助			
分享			
捐赠与志愿服务			
给予安慰			

实例

松树中学（Pine Tree Middle School）的教师和管理人员参与了一件大多数教育工作者没有经历过的事：开办本区 15 年多来的第一所新学校。几个月前，核心行政管理人员已聘好，大部分教职工也已到位。作为学校愿景发展的一部分，创校团队与社区成员、拟招学生的家长以及所在城市的商业与非营利组织领导人进行了多次"焦点小组"（focus group）①。通过调查研究，他们逐渐达成一项共识，即学校的核心任务是培养学生的归属感和身份认同。

目前，行政管理团队正准备与教职工开展一系列专业学习活动，以便将愿景落到实处。以学生为中心是这些举措的出发点。利用你在前两个模块中学到的知识，向规划者提出工作推进过程中应注意的问题。

特征	在松树中学的课堂上如何体现
通过关系建立归属感	
通过学习环境建立归属感	
通过以孩子为中心的教学实践建立身份认同	
给予学生发言权	

---

① 焦点小组又称小组访谈，是一种常用的研究方法。一般由一个经过研究训练的调查者，通过预先设定部分问题的方式，与一组被调查者交谈，旨在研究被调查者对问题的看法和反应。——译者注

依靠学校培养身份认同与归属感

与个人一样,学校也有自己的身份。学校这一社会组织的历史塑造了学校和所处地区或区域的身份。有些时候学生以学校为荣,有些时候则不然。一些学校通过吉祥物来塑造身份,比如学生会说:"我们是小红雀,一日做红雀,终生为红雀。"而在另一些学校,学生会说:"我去的不是学校,是贫民窟。""我可是冒着生命危险去上学的。"

学校身份与声誉资本

> 学校的声誉会影响学生的整体学习情况。

有趣的是,学校的声誉会影响学生的整体学习情况。在学生及家长更认同的学校上学,学生实际表现会更好。威尔姆斯(Willms,2013)指出,校园文化和校园氛围,以及学术新闻和学校声誉,可以部分解释"国际学生评估项目"(PISA)中学生的表现何以不同的原因。学术新闻和声誉资本成为"自证预言"(self-fulfilling prophecy)[①],由此便可以预测学校的成败。

那么什么是声誉资本呢?商业界将其定义为客户和用户对公司的产品、网站、服务和品牌的信任感。它可以归结为一个词:信任。客户信任你的企业吗?我们将在后面的模块中讨论关系信任(校园内人们之间的信任),但就声誉资本而言,信任是学校在社区内的声誉。建立声誉资本需要诚实,履行承诺,在犯错时承担责任。请注意,每个个体都要担负起责任。学生、家长和社区对学校的评价,来自他们与学校相关人员的所有互动。换句话说,你在超市里随口谈论学校的两句话,都会影响人们对学校的看法。

---

① 自证预言即不管预言本身是真是假,它都会影响人们的行为,进而成为现实。——译者注

当然，单单一个行为就可以损害或摧毁一所学校的声誉。如果一所学校或该地区因为一件丑事而上了新闻，一些社区成员就会以偏概全，认定整个学校都坏透了。这时，可能就需要公关公司来帮忙澄清。请记住，当学校的声誉资本较低时，一些本应在该校就读的学生会选择到其他学校就读。

由此谈到另一个商业术语：品牌塑造。我们在推广某个产品或公司时，通常会使用广告和设计。《企业家》杂志（Entrepreneur，n.d.）指出："简单来说，你的品牌就是你对客户的承诺。它让客户了解到自己可以从你的产品和服务中得到什么，并将你的产品与竞争对手的产品区分开来。"

重读该定义，将"客户"换成"学生和家长"，将"产品和服务"换成"教育经历"。这就成了学校品牌塑造的定义。西奈斯和圣菲利波（Sinanis & Sanfelippo，2015）在有关学校品牌塑造的书中指出："我们要确保用自己的声音讲述自己的故事——不能让别人替我们讲故事。"（p.7）他们继续谈道：

> 打造学校品牌不是为了将孩子当作产品来推销，也不是做出虚假承诺……而是为了宣传那些美好的事情，让不能常常体验到这些美好的人也能有所了解。（p.9）

你或许感到疑惑，这与社会情感学习有什么关系？学校的声誉资本会成为在这里工作的教育者和在这里学习的学生身份的一部分。如果你对学校品牌塑造颇感兴趣，可以看看特雷西·蒂格拉尔（Tracy Tigchelaar，n.d.）的博客文章《如何成功创建学校品牌战略》（How to Create a Successful School Branding Strategy）。

社交媒体无处不在，请看看学校在各种平台上发布的信息，看看各种平台上关于学校的信息。一些教职工拒绝使用社交媒体，因为他们知道社交媒体会让意见和批评不断发酵。还有一些人担心个人账号会成为攻击目标。然而，无论你是否选择发出自己的声音，都会有人谈及你的学校。关于使用社交媒体创建学校的声誉资本，乔希·米哈公司（Josh Meah & Company，2019）提出了以下建议：

- 完善社交媒体资料时，使用有趣的照片和引人入胜的文案。比如，有吸引力的标志、封面图片、联系信息和网址。
- 定期发布，及时更新。弄清大部分关注者的在线时间，并在这个时间段定期发布。
- 在帖子中加入好看的高质量图片，其吸引力比纯文本更新要高出650%。
- 在更新中加入视频。视频是社交媒体上最受欢迎的内容类型，吸引的分享量是纯文本帖子的三倍。
- 采用80/20法则。即在分享的内容中，保证20%是原创内容，80%的内容可来自其他网站和博客。同样，你的更新内容中只需要有20%的内容是有关学校的，而80%的内容只需要选择家长和学生感兴趣的主题即可。

实例

港湾小学（Harbor Point Elementary School）的教职工曾向社区成员（包括在读学生的家长）提出了以下问题：

- 你会用哪三个词来描述我们的学校？

- 一想到我们学校,你有什么样的感觉?
- 你最喜欢我们学校的哪一点?
- 你会向朋友推荐我们学校吗?

数据让人惊讶,但又在意料之中。学校的教职工知道,这所学校的声誉并不好。周边近200名学生选了别的学校。大家用来描述学校的常用词是:令人沮丧、老师不错、不严谨、坏邻居和监狱。他们的感受有:恐惧、不受欢迎和悲伤。正如一位家长所说:"我的孩子就是愁眉苦脸的,我担心她开始讨厌学校了。"另一位家长说:"老师们都很好,但我觉得孩子学不到什么有用的东西。"超过60%的受访者表示,他们不会跟朋友推荐这所学校,不过老师们对学生确实很好。

很明显,学校并没有多少声誉资本。然而在过去的三年里,学校的学业成就不断提高,声誉资本逐渐提升。教学质量达到了较高水平,教师在教学过程中能够相互支持、帮助,士气也很高。他们共同制定了三个目标:

1. 帮助学生取得突破性的学业成果,同时保持教学的严谨性。
2. 学生开心,家长放心。
3. 教师、学生和学校的身份认同感得到加强。

请以这三个目标为例,确定港湾小学可以采取哪些步骤来提高自己的声誉资本。

港湾小学的目标	你的建议
目标 1 帮助学生取得突破性的学业成果，同时保持教学的严谨性。	
目标 2 学生开心，家长放心。	
目标 3 教师、学生和学校的身份认同感得到加强。	

自我评估

身心健康的学生沉浸于学校环境,在那里,他们可以认识自己、了解他人。利用自我评估来确定你对创建这样的环境可以做出何种贡献。

实践清单:身份认同与归属感

使用下面的红绿灯量表,反思目前你在自身、学生和学校层面,有哪些做法与培养身份认同和归属感相关。你想加强哪些方面?

自身层面的机会	
	● 红　● 黄　● 绿
我了解自己的文化自传以及它对我的影响。	
我正在探索种族身份,从而更好地了解自己。	

学生层面的机会	
	● 红　● 黄　● 绿
我可以利用积极的师生关系,帮助学生培养归属感。	
我可以构建学习环境,与学生一起培养归属感。	
我可以将"身份安全的课堂"各元素作为培养学生社会情感学习的方式。	
我定期收集并分析学生的参与数据,以提高学生的身份认同感和归属感。	
我有意培养学生的亲社会技能,包括帮助、分享、志愿服务和给予安慰。	

续表

学校层面的途径			
	● 红	● 黄	● 绿
我正在努力了解所在学校或地区的声誉资本。			
我了解所在学校或地区的品牌塑造。			
在浏览学校或地区网站时,我考虑到了身份认同和归属感。			

思考题

- 要将"红灯"变成"黄灯",我该怎么做?

- 要将"黄灯"变成"绿灯",谁会给予我支持?

- 如何利用"绿灯",为集体谋福利?

获取本模块的资源、工具和指南,请访问:
resources.corwin.com/theselplaybook

模块 3

情绪调节

情境描述

漫长的一天（一周、一个月……）就要结束了，但还没有结束。天气很冷，还下着雨，这让回家的路变得更加艰难。你回到家，看到两个吵吵嚷嚷的孩子正在为某件事情争论不休，柜子上放着一沓被雨淋湿的邮件，自家小狗正看着你，希望你马上带它出去遛弯儿。就在这一片混乱之中，一个同事发来短信，说她有坏消息，需要现在和你谈谈。此时两个孩子已经不再争吵了，你知道自己需要尽快帮他们调解这场争端。

你感觉如何？

在模块 1 中，我们仔细研究了性格优势，并运用发挥优势法来考虑我们自己的生活、学生的生活和学校的生活。在本模块中，我们将注意力转向情绪调节（emotional regulation）。与性格优势相比，我们感受到的情绪更具情境性。我们通常认为，情绪支配着我们的感受，而性格优势告知我们如何应对。虽然这种解释简化了两者的复杂关系，但就本书而言，这已经足够了。

> 情绪支配着我们的感受，而性格优势告知我们如何应对。

最好的情况是，在那个阴雨绵绵的下午跨进家门时，你能够意识到自己的感受（在那一刻，我很沮丧，不知所措，心力交瘁）。你会找到一种方法让自己重新振作起来（在我接受这一切之前做三次深呼吸），然后提出一个合理的处理方案（我先让大孩子去遛狗，以便把他们俩分开，然后和另一个孩子谈谈，搞定之后再给同事打电话）。糟糕的情况是，你对两个孩子大喊大叫，把他们打发走，而你愤怒的吼叫吓得小狗夹着尾巴溜到另一个房间。在如今空荡荡的厨房里，你感到一阵羞愧和尴尬。发脾气并没有解决问题，你仍然感到不堪重负，分身乏术。

可以说，这两种情况我们都会碰到。迫于压力，我们有时可以做最好的自己，而有时则不能。我们调节情绪，也就是对情绪施加某种影响的能力，是人类改变或抑制反应的重要方式，它使人成其为人。情绪调节能力可以帮助我们维持人际关系，管理干扰，控制冲动行为。

向上调节和向下调节

压力调节器是一种控制气体或液体流量的机械装置。拿我们常见的高压锅为例。内部压力太大，会导致锅盖被炸开。但如果压力不够，你就无法更快地煮熟食物。高压锅的压力调节按钮可以保证压力恰到好处，以便你能准时享用美味的藜麦或鸡肉，而不会让食物炸得到处都是。

你的情绪调节器也有类似的作用，它有"向上调节"和"向下调节"的功能。当我们产生某种情绪时，我们会向上调节。我们使用的许多积极情绪管理策略都是这种形式。例如，专注于正在发生的积极的事情，寻找积极的人，或想想期待的未来事件（Livingstone & Srivastava, 2012）。向下调节则正好相反。有些时候，我们会减少消极的情绪反应，以降低感受的强度。我们向下调节，控制超出我们理智的焦虑，或在过于愤怒时让自己冷静下来。向下调节消极情绪对心血管反应有益，如心率和呼吸频率，以及血压（Zaehringer et al., 2020）。向上调节和向下调节的能力有益身心健康，可以与模块2联系起来。认知重构就是一种可以支持情绪调节的技术。

> 情绪调节的能力对自我、学生以及学校的运作方式都有影响，尤其是在解决问题方面。

情绪调节的能力对自我、学生以及学校的运作方式都有影响，尤其是在解决问题方面。在本模块中，你将学习：

- 情绪调节和自我意识对于我们如何理解自己，以及如何与他人互动至关重要。
- 如何给情绪贴标签，以及如何教授自我管理和自我控制。
- 如何明确学校在情绪调节方面采取了哪些创新举措，又是如何实施的。

词汇自检

要求：想一想下表中的术语。

- 如果你第一次听说这个词，请在"第1级"一列里写上日期。
- 如果你以前听说过这个词，但不确定是否能用它来造句，或不知如何给它下定义，请在"第2级"一列里写上日期。
- 如果你对这个词非常熟悉，既能给它下定义，又能用它来造句，请在"第3级"一列里写上日期。

请在本模块的学习过程中和你的日常工作中，更新你对这些术语的理解。请注意，可在表格最后的空白处添加新术语。

词汇	第1级	第2级	第3级	例句	定义
情绪调节 （Emotional regulation）					
向上调节 （Up-regulation）					
向下调节 （Down-regulation）					
情绪智力 （Emotional intelligence）					
自我意识 （Self-awareness）					
自我管理 （Self-management）					

续表

词汇	第1级	第2级	第3级	例句	定义
识别情绪 （Identifying emotions）					
自我控制 （Self-control）					
创新扩散 （Diffusion of innovation）					

第1级 = 这对我来说是个新词。
第2级 = 我以前听说过这个词。
第3级 = 我知道定义，并能用它来造句！

本模块与 CASEL 框架的联系：

自我意识	自我管理	社会意识	关系技能	尽责决策
• 识别情绪	• 情绪调节 • 向上调节 • 向下调节 • 自我控制	• 情绪智力 • 认识他人情绪		• 创新扩散

调节情绪，从自己做起

萨洛维和梅耶（Salovey & Mayer，1990）在情绪智力方面的开创性工作阐明了情绪识别和调节在成人生活中的重要性。就我们教育工作者的职业生活而言，它可以对我们的以下方面产生影响：

- 评分实践（Brackett et al.，2013）
- 纪律实践（Valente et al.，2019）
- 识别学生社会情感学习发展的能力（Walton & Hibbard，2019）

最后一方面特别有趣，因为研究人员发现，除了职业培训以外，教师的情绪智力能够极大地影响其识别学生的能力。

梅耶和萨洛维（Mayer & Salovey，1997）开发了一个四分支模型，以此来定义情绪智力，它指的是以下能力：

- 准确感知、评估和表达情绪。
- 利用情绪促进思考。
- 理解情绪和情绪知识。
- 调节情绪，促进情绪和智力成长。（p.10）

把这四个分支想象成一棵树上的树枝。人们只有在较低树枝的帮助下才能够到较高的树枝。前两个分支聚焦于准确评估你或他人的情绪状态，这能让你察觉正在经历的情绪并进行思考。这个能力使你能够攀上更高的分支，即拥有情绪知识来了解交织在一起的各种情绪，并可能放大正在经历的事情（想想本模块开头的故事）。情绪智力树的最高分支是能够调节自己的情绪。

认识你的情绪智力

自我意识是发展情绪智力的关键。不幸的是，在认识自己的情绪智力方面，几乎所有人都有盲点。组织心理学家尤里克（Eurich, 2018）在《哈佛商业评论》（*The Harvard Business Review*）中指出，在一项调查中，95%的受访者表示他们的自我意识水平很高，可是分析报告显示，只有10%到15%的人实际达到了这个水平。她继续解释说，自我意识既是向外的，也是向内的。一个人既有内部自我意识，即你有多了解自己；也有外部自我意识，即你有多了解别人眼中的你。这两者都很重要，而且都可以通过寻求他人的反馈来加强。

让我们从内部自我意识开始。它是衡量一个人关注和理解自己情绪、性格优势和行为的能力，是情绪调节的关键技能。然而，它必须通过外部自我意识来平衡，以更好地理解情绪、性格优势和行为是如何被投射出来的。用尤里克的话说，一个内部自我意识较强，但对别人如何理解自己却认识比较有限的人，可能是一个不想发现盲点的"内省者"。相反，一个高度关注别人对自己的看法，但很少花时间培养内部自我意识的人，可能是一个"讨好者"，他可能做出不符合自己最大利益的选择（见表3.1）。

与他人一起调节情绪

情绪调节并不完全是一个内部过程，它是让人际关系和职业关系发挥作用的燃料。虽然我们在心中体验情绪，但其表达方式会影响他人。正如前面的讨论，外部自我意识同样重要。寻求他人反馈的做法可以很好地帮助你了解别人对你的看法。

> 寻求他人反馈的做法可以很好地帮助你了解别人对你的看法。

情绪调节这个概念在可见的学习研究中有时会被忽视，它表明了人们对教学本质与学习本质的误解。有些人倾

表 3.1　四种典型的自我意识

	外部自我意识弱	外部自我意识强
内部自我意识强	**内省者** 他们清楚自己是谁，但不会质疑自己的观点，也不通过获取他人的反馈来寻找盲点。这可能会损害他们的关系，限制他们的成功。	**明白者** 他们知道自己是谁，想要完成什么，会寻求并重视他人的意见。这样的领导者开始充分意识到自我意识的真正好处。
内部自我意识弱	**探求者** 他们还不知道自己是谁，有何主张，或者他们的团队如何看待他们。因此，他们可能举步维艰，对自己的表现和人际关系感到沮丧。	**讨好者** 他们可能过于专注于他人的看法，以至于忽略了对他们来说重要的事情。久而久之，他们往往会做出与自己的成功和满足无关的选择。

来源：Eurich（2018）。

向于关注该研究中更为外显的教学策略，如"拼图学习"或"交互式教学"，而忽视了另一个基本操作，即理解学生的学习是对自己教学是否有效的反馈。例如，通过学生的反馈来改进教学（效应量为 0.53），通过微格教学来了解自己的教学（效应量为 0.88），以及最重要的，评估学生的成绩（效应量为 1.46）。最后一项说明了教与学的本质，即师生之间的互动和回应，其评估数据可以为教学提供依据，有助于教师据此设置下一个挑战。这些已知的判断是通过跟踪学生的进步，并利用它来加速学习而得出的。

> 学生的学习是对自己教学是否有效的反馈。

寻求和利用反馈对于团队工作也是至关重要的。另一个对学生的学习能够产生强有力影响的是"教师集体效能"。它是指在一个特定的教育环境中一群教师拥有的共同信念，即他们有能力对学生的学习成果产生积极的影响。当效应量到达 1.36 时，它有可能显著提高学生的成绩

（见 www.visiblelearningmetax.com）。创建教师团队的集体效能需要密切监测学生的学习情况，特别是确定谁在学习、谁没在学习，然后对挑战做出反应。在本模块的背景下，它还要求团队成员能够寻求和利用反馈，同时保持团体的社会结构（Fisher et al., 2020）。

然而，我们常常想当然地认为，成人可以通过某种方式相互了解，可以弄清楚如何应对与他人合作过程中的复杂情况。在下面的个人笔记中，我们请你在工作中发挥内部自我意识的作用，为你的同事提供关于你自己的信息。这可以引发一些重要的对话，因为你可以通过有趣的方式获得关于自己的反馈。

个人笔记

想想你最近买的一件电器。它很有可能附带了一本用户手册，说明了它的功能、缺陷，以及安全提示，以免你损坏机器或伤害自己。如果你为自己制作一本用户手册，它可能会包括哪些内容？南希从克里斯·布拉查特（Chris Blachut, 2021）的个人用户手册中得到启发，为自己编写了一个示例（如下所示）。你的手册会怎么写呢？

基本信息：南希 **制造**：1959年，加利福尼亚州长滩市。 **模式**：女性 **语言**：英语 **主要用途**：产生想法，查找资源，倾听。	**基本信息**： **制造**： **模式**： **语言**： **主要用途**：
适用环境： 家里，中等能耗的环境，小型团队会议。	**适用环境**：

续表

谈话主题： 扫盲，教育最佳实践，她的家庭，匹兹堡钢人橄榄球队。	**谈话主题：**
警告和制造缺陷： 经常感到焦虑，当遇到太多事情同时发生时会感到不知所措。	**警告和制造缺陷：**
不要按这些按钮： 放弃学生，因为学生有缺陷就限制其学习体验。	**不要按这些按钮：**
避免人身伤害： 如果南希没有立即回复你，并不是因为她不关心，而是因为她忙得不可开交。	**避免人身伤害：**
操作说明： 最佳时间是上午7点至下午6点，晚上8点半停止运行，最好的联系方式是通过电子邮件或短信。	**操作说明：**
环境： 安静的环境更好，这样她可以听到自己的想法；在较小的团队中可以运行得更好。	**环境：**
护理和保养： 互惠互利：共同设定目标，以便你们为共同的结果而努力。 避免过度使用：如果你要求她同时做太多的事情，她很可能会停止运行。 反馈：她欢迎友善的、能促进成长的反馈。	**护理和保养：**
帮助： 如果她的表现不符合你的预期，请向道格、伊恩或多米尼克征求意见。	**帮助：**

实 例

萨拉·奎塞多(Sara Quezado)被任命为红木山高中(Redwood Hills High School)新任副校长。这所学校有近2500名学生和153名经过分类和认证的教职工,她需要认识很多人。此外,新身份也给她带来了兴奋(和压力)。这是第一次担任管理者的她一直在寻求的职业晋升机会,但随之而来的也有焦虑。其中一些源于个人,如平衡家庭责任和年迈父母的需求,另一些则源于履行新职责。她曾在另一所高中担任科学教学教练,并为该地区的新科学教师提供入职培训支持。但这次不同——一个庞大的员工队伍、一个她刚刚认识的领导团队,还有众多学生和家庭。

奎塞多女士认识到,要想在个人和职业两方面达到自己设定的高标准,情绪调节和自我意识是不可或缺的组成部分。根据你到目前为止在本书中学到的知识,你会给她提怎样的建议?请记住,她是第一次当副校长,所以仅仅让她做过去一直做的事情可能是不够的。

生活与工作的平衡	
保持身心健康	
发挥性格优势	
调节自我情绪	
培养内部自我意识	
培养外部自我意识	

帮助学生培养情绪调节能力

我们在上一部分中讨论的大部分关于教师如何调节自己情绪的内容，也适用于学生。和成人一样，学生也会在情绪调节上犯错误，会反应不足或反应过度。他们仍在发展识别和管理自我情绪的技能。我们都知道，当一个人处于高度情绪化的状态时，学习就会受到影响。琼斯等人（Jones et al., 2017）指出，"儿童必须先学会识别、表达和调节自己的情绪，然后才能与其他参与的人互动"（p.16）。情绪的意义在于，它可以帮助我们集中注意力，激励我们采取行动。想想你最近有过的一种感受。这种感受告诉你要专注于什么？我们需要抛弃"一些情绪是好的，另一些情绪是坏的"这种想法。我们是情绪动物，我们的情绪帮助我们做出决策和采取行动。当我们不能调节自己的行为时，坏事就会发生。但情绪本身并无好坏。

> 情绪本身并无好坏。

帮助学生培养情绪调节能力可以从学习情绪的名称，并将这些名称与内心的感受相匹配开始。对年龄较小的学生而言，"调节区"（zones of regulation）这个概念可以帮助他们用颜色来表达情绪状态（Kuypers，2013）。

- 蓝区：我感到悲伤、难受、疲惫、无聊，行动迟缓。
- 绿区：我感到快乐、平静、满意、专注，做好了学习的准备。
- 黄区：我感到沮丧、忧虑、傻里傻气、扭扭捏捏、兴奋，有点儿失控。
- 红区：我感到疯狂、愤怒、恐惧、欣喜若狂，以至大喊大叫、摔摔打打、失去控制。

使用这个系统，学生可以了解到：

- 我们都有情绪。
- 我们拥有的感受是有名称的。
- 情绪没有好坏之分。
- 你在经历一种特定的情绪时，是有应对方法的。

对于年龄较大的学生，我们可以介绍一个更复杂的情绪模型，如罗伯特·普拉切克（Robert Plutchik，2002）开发的框架（见图3.1）。该框架认为人有八种基本情绪：快乐、信任、害怕、惊讶、悲伤、期待、愤怒和厌恶。请注意，这个模型创造了两两对应的关系：

- 快乐对应悲伤。
- 害怕对应愤怒。
- 期待对应惊讶。
- 厌恶对应信任。

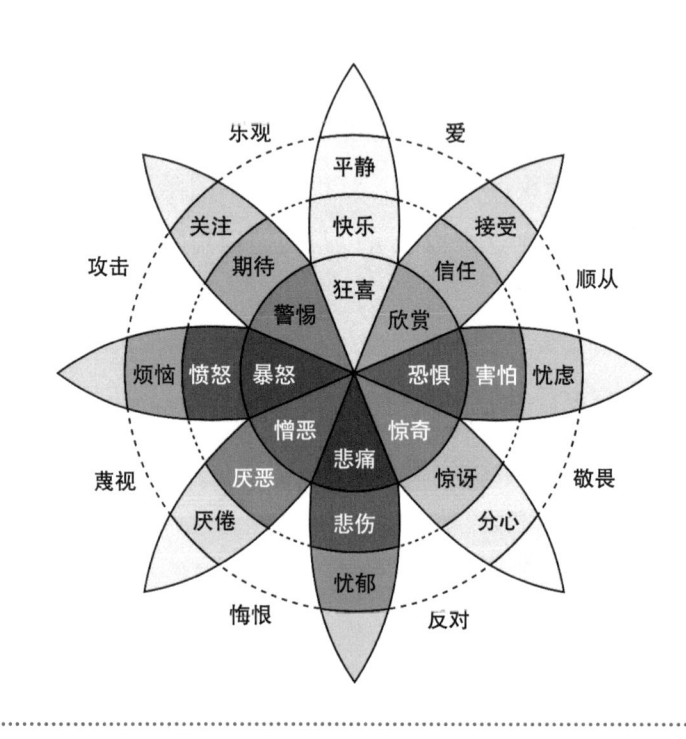

图 3.1 情绪轮

来源：Robert Plutchik。

这个模型也承认组合，例如，期待和快乐可以结合成为乐观，快乐和信任可以结合成为爱。普拉切克（2001）认为，人类有能力体验34000种独特的情绪。情绪是复杂的，能够认识到可能有许多情绪同时产生是一种技能，调节这些情绪更是如此。

六秒钟团队（Six Seconds，n.d.）提供了一个免费下载"情绪镜"（Emotoscope）的网址（www.6seconds.org/free-emotoscope-feeling-chart）。它将情绪分类，然后为每种情绪提供包括词、句子、目的和感知的清单。这份文件长达四页，可以用来教学生了解他们的情绪。例如，"烦恼"是"疯狂"类别中的一个词。

- 句子：我感到烦恼，因为事情不顺心。
- 目的：把注意力集中在你忽略的问题上。请注意，每种情绪都为体验它的人服务。
- 感知：激动，头痛，肌肉紧张。

又如，类别"高兴"中有"自信"这个词。

- 句子：我感到自信，因为我知道我可以实现自己的目标。
- 目的：强化你努力的价值。
- 感知：眼睛放松，扬起头，身体放松。

情绪镜的好处之一是，这些词传达出的感知，可以帮助学生明确自己的感受，然后为它创建一个标签。布拉克特和弗兰克（Brackett & Frank，2017）建议，教师应定期为学生提供机会，让他们评估自己在不同环境中的情绪状态。他们给出了以下四个问题，教育工作者可以用这些问题邀请学生进行自我反思和讨论。

1. 你在开始一天的学习时感觉如何？
2. 在一天的学习过程中，你感受到什么情绪？
3. 当你在走廊里行走、在餐厅里吃饭或在课间休息时，你的感受是否不同？
4. 你在一天的学习结束后感觉如何？

这些问题要求学生认识到自己的感受，并为其命名。这是调节情绪和培养习惯的第一步，这些习惯是对我们一天中经历的各种情绪做出的适当反应。

个人笔记

思考你可以用什么方法来教学生了解情绪，特别是如何命名他们所经历的情绪。以下是你可以采纳或改造的一些想法。这些想法都是我们的同事提出的，它们可能适合你，也可能不适合你。请记下你在每个方面有什么想法。

来自同事的建议	我的采纳或改造计划
在教室里开辟一个张贴情绪名称的地方，让学生识别他们正在经历的情绪。	
在阅读时注意书中人物的情绪。给这些情绪贴上标签，并谈谈你是如何知道人物正在经历这种情绪的。	

续表

来自同事的建议	我的采纳或改造计划
使用布拉克特和弗兰克提供的问题来组织课堂签到，邀请学生描述自己的感受。	
为每个学生提供一张情绪轮图，让他们放在桌子上，以便他们在情绪状态发生变化时参考。	
玩情绪猜谜游戏。让学生在纸条上写下情绪的名称，一次只写一种。然后让一个学生自愿表演，全班尝试说出情绪的名称。	
创建写作提示，让学生在日志中描述一种情况以及自己的情绪反应。	
我的同事的其他想法：	
对我的同事的建议：	

自我管理和自我控制

识别情绪是等式的一边，另一边则是管理对这些情绪做出反应的能力。正如我们在开头的情境描述中提到的，我们对情绪可以做出或多或少的有效反应。但请记住，我们的情绪是用来集中注意力和激励行动的。问题在于，人类的一些行为会伤害自己或他人。因此，学生需要的部分社会情感学习与自我管理、自我控制，或者"在不同情况下有效调节情绪、思想和行为的能力"（Transforming Education，2020）有关。重要的是，学习者改变或克服问题行为，以及调节行为、思想和情绪的能力可以影响学科学习。自我控制的效应量为 0.49，在对学习的影响方面高于平均水平（见 www.visiblelearningmetax.com）。

> 学习者改变或克服问题行为，以及调节行为、思想和情绪的能力可以影响学科学习。

学生在学习自我管理和自我控制的过程中，很可能会犯错。我们需要谨慎对待惩罚，因为学生正在学习管理自己的行为和反应。这样做并不意味着就可以避免后果，而是可以避免公开的羞辱、指责，以及诸如停课和开除的排斥性做法。

有的时候，教室里悬挂的"回形针图"（clip chart）① 广而告之了这样一个事实，那就是老师会给某某家长打电话；有的时候，学生会因犯了某个错误而被停课。我们无法想象学生仅从这样的经历中就能学会调节情绪和发展自我管理技能。再者，后果可以用来塑造行为，但指责和羞辱除了制造愤怒外，几乎没有其他作用。想了解有哪些做法可以替代这种控制和排斥，请参见史密斯等人的研究（Smith et al.，2022）。

作为自我管理的一部分，学生必须学会控制愤怒。首先要认识到，愤怒是一种次级情绪。在感到愤怒之前，我们会经历另一种情绪，如悲

---

① 回形针图是实现进度可视化的工具。通常是在纸上列出各阶段，然后把每个人的名字写在回形针上，通过移动回形针在纸上的位置来展现每个人的进度。——译者注

伤、嫉妒、惊讶或尴尬。当学生变得愤怒时，他们如果能够识别这样的初级情绪，就更有可能调节自己的行为。因此，教学生了解愤怒以及它是如何源于另一种情绪的这点非常重要。

教师还可以教学生一些管理愤怒的技巧。以下是梅奥诊所（Mayo Clinic，2020）提供的10个技巧。

1. **"三思而后言"**。在说出令你后悔的话之前，花些时间考虑你想说什么。学生需要学会在愤怒时按下暂停键，思考他们想说什么。说话前，从10到1倒计时可能很有用。
2. **冷静下来后表达你的愤怒**。在你有时间思考时，跟别人说说是什么让你生气及其原因。在不伤害他人的情况下，分享你的担忧或需求。学生必须了解到，愤怒是人类众多情绪之一，并且存在解决这种情绪的方法。
3. **做一些运动**。运动有助于减少愤怒造成的压力。请学生走一走，或完成一些与运动有关的愉快任务。如果他们学会了分辨自己何时生气以及为什么生气，并能够花一些时间去运动，他们接下来的行动就可能会更积极。
4. **暂停手头的工作**。我们都需要休息。为学生创造机会，让他们从引发愤怒的环境中抽身出来重新分组，是很有用的做法，可以帮助学生冷静下来，做出适当的选择。
5. **确定可能的解决方案**。与其纠结于让你疯狂的事情，不如找出解决方案。了解潜在的情绪对于确定解决方案至关重要。有时我们必须认识到，我们对某种情况几乎无能为力，需要重新思考如何应对。
6. **坚持使用以"我"为主语的陈述句**。使用以"我"为主语的陈述句可以极大地影响他人的反应。当感受到来自他人的指责和羞辱时，我们很可能会变得心怀戒备，继而变得愤怒。当学生学会使用以"我"为主语的陈述句来描述问题和自己需要的东西时，听者就更有可能倾听并采取行动。

7. **不要怀恨在心。** 宽恕的力量是强大的，它能修复友谊，或使人们共处。当我们学会宽恕和做出补救时，我们就会从现状中吸取教训，在未来避免做出同样的行为。

8. **使用幽默来缓解紧张。** 当学生学会使用幽默来平息愤怒时，他们的行动可能会更加积极。我们并不是建议轻描淡写或冷嘲热讽，而是说学会用幽默可以帮助你弄清楚是什么让你愤怒。幽默也可以帮助我们消除对自己和他人所持的不切实际的期望。

9. **练习放松和平静的技巧。** 深呼吸、想象一个令人放松的地方、按摩太阳穴、重复一个令人平静的短语、听音乐、写日记、做瑜伽等，都是学生在愤怒时可能让自己平静下来的方法。

10. **知道何时寻求帮助。** 寻求帮助是一种力量的表现。有时，学生正在气头上，不知道该怎么办。如果他们意识到自己无法控制愤怒，那么学会寻求帮助是很重要的。不论帮助是来自同伴还是成人，学会寻求帮助都是学习自我控制的重要一步。

> 教师教学生控制冲动前，需要认识到是什么导致了冲动。

学生还需要学习自我管理的其他方面，如控制冲动。冲动控制教学的证据表明，学生要学会给自己的感觉贴标签，并培养愤怒管理技能（例如 Morin，2021）。此外，或许更具体地说，教师教学生控制冲动前，需要认识到是什么导致了冲动。例如，如果学生不听指令，还是冲动，那让他们重复指令或将指令告诉另一个人是有帮助的。当然，指令步骤的数量和复杂性需要与年龄匹配。

此外，教授解决问题的技能也很有用。学生需要了解到，无论是解决数学问题还是与同伴的冲突，方法都不止一种。学生需要练习头脑风暴，提出可能的解决方案，然后评估哪种解决方案可能是最有效的。学科学习和社会情感学习都需要这种练习。

另外，如果在课堂上师生能够同心协力，那么冲动控制就不成问题了。当课堂协议是由全班一起拟定的并用于提供反馈时，它有助于帮助学生控制冲动。下面是一位老师和一群四年级学生一起制定的课堂协议，可以参考。

1. 每个人都是不同的，这使我们变得特别。
2. 我们不会以体形、肤色、梦想、性取向或性别来评判任何人。
3. 犯错误是我们在努力的证明。
4. 看见有人郁郁寡欢，请拨开他头顶的那片乌云。
5. 处于"学习坑"（见模块5）是正常的。我们要做的工作就是走出困境。
6. 我们努力实现自己的梦想。

他们没有说"不要打人"或"说话前请举手"——这些都是大家已经习惯的班级管理规定，而是制定了指导他们如何与他人互动的协议。正如他们的老师所说："这确实有助于控制冲动，因为我们每天都按照协议的要求去做。学生越来越善于在采取行动之前思考这些协议了。"

个人笔记

自我管理技能包括愤怒管理和冲动控制，以及一系列其他领域的个人责任。下表列出了学生需要培养的其他技能。仔细阅读这些技能，并找机会在你的课堂上教授。

技能	定义	教学理念
组织	有能力计划，划分优先次序，完成重要任务和活动，并整理好空间和物品。	
目标设定	有能力以明确的方式确定你想要完成的任务，且这些目标是可实现的、具体的。	
时间管理	有能力对重要任务进行优先排序并集中精力完成这些任务。它包括确定最后期限和监督完成情况的能力。	
自我激励	积极主动、渴望成功，能够依靠内在认可很好地完成任务，而非依靠外部力量。	
压力管理	有能力管理压力、合理安排时间和可能对成功完成任务和作业造成负面影响的想法。	
延迟满足	控制冲动和延迟满足的能力，或者完成任务或活动后的奖励。	

实 例

六年级教师杰维尔·莫拉莱斯（Javier Morales）有一群"行为古怪"的学生。他们总是不务正业、到处捣乱，全天问题不断。有时他们在课堂上大喊大叫，有时其中一些似乎又很孤僻。他们很容易"上火"，反应迅速，经常怒气冲冲。就单个学生而言，每个人都很讨人喜欢，有不少朋友，在课堂上也很努力。当莫拉莱斯先生与他们单独谈话时，每个人都对自己的未来抱有希望，还说他是个好老师。

莫拉莱斯先生对这种情况感到很沮丧，担心学生没有学到本应学到的东西。他特别关注学生的社会和情感发展，因为他们在七、八年级将面对更大的学业挑战。在花时间研究学生的情绪调节时，他注意到，学生只知道基本情绪的名称（例如，快乐、悲伤），并没掌握什么情绪调节技巧。你会给他什么建议？

第一步	
学生应该立即学习哪些情绪标签？	
应该先启动哪个领域的情绪调节？	
莫拉莱斯怎么知道自己是否成功？	
莫拉莱斯如何让（那些行为古怪和行为不古怪的）学生参与进来，寻找解决方案？	

依靠学校推动情绪调节

情绪调节是几乎所有社会情感学习倡议的一个组成部分。虽然这些倡议在具体的表达和技术方面各有不同，但它们在全校范围推动时效果最好。其价值在于，这样做创造了促进情绪调节的环境，超越了一个个单独的课堂。许多优秀的课程都涉及情绪调节，但不同课程在提及它时有不同的表达，如自我管理、情绪管理和自我意识。然而，情绪调节的关键因素都出现在了针对中小学生的不同项目中。CASEL 在 pg.casel.org 上提供了一个知名课程的在线比较工具。

> 社会情感学习倡议在全校范围推动时效果最好。

在全校范围推动情绪调节的必要性

耶鲁大学情绪智力中心（Yale Center for Emotional Intelligence）对 22000 名高中生进行的调查发现，学生 75% 的在校时间会有负面情绪，这促使该中心主任兼 RULER 首席开发员布拉克特思考这样的问题："这对教学和学习意味着什么？……他们对自己的学业有多重视？"（Brackett，引自 Heller，2017，p.21）。

在全校推动的必要性是显而易见的。学习如何调节情绪不仅仅是部分学生的需要。情绪是学习不可或缺的一部分。负面情绪会阻碍学习（回顾我们在模块 1 中讨论的影响学习的消极因素，包括焦虑和无聊）。一项发表在著名杂志《心智、大脑和教育》（*Mind, Brain, and Education*）上的小型研究，对 9 岁和 10 岁的参与者进行了情绪智力的测量。他们发现，由于新冠疫情改变了学校教育，孩子们在自我沟通、人际互动和适应能力方面表现出显著的下降。此外，他们呼吁通过全校性举措，有意识地提高年轻人的情绪智力（Martín & Santiago，2021）。

RULER 是认识（recognizing）、理解（understanding）、标记

(labeling)、表达（expressing）和调节（regulating）这几个词的首字母缩写，是 CASEL 选出的几种基于证据的社会情感学习方法之一。我们之所以选择介绍 RULER，是因为它覆盖了从幼儿园到高中的学生群体。它的重点是为学校以及学校中的成人和年轻人提供具体的工具，以培养"RULER 技能"，从而将包括社会情感学习在内的抽象概念付诸实践（Brackett et al., 2019, p.145）。RULER 技能包括：

- 不仅通过我们所想、所感和所说的事情，也通过面部表情、身体语言、声调和其他非语言信号，来**认识**我们自己和他人的情绪。
- **理解**这些感受，并确定究竟是什么经历导致了这些感受。
- 用细致入微的词汇来**标记**我们的情绪。
- 根据文化规范和社会背景来**表达**我们的感受。
- 使用有效策略来应对我们的感受并解决引发感受的根源问题，从而**调节**我们的情绪。

RULER 推广的一个工具是"情绪测量签到表"（Mood Meter Check-In），这是一个学生和教师可以作为常规来定期使用的核心应用程序。它可以让全班学生绘制出情绪状况，以便教师测量小组的情绪温度。与上一部分讨论的"调节区"类似，情绪测量是根据颜色绘制的，由 X 轴（愉快到不愉快）和 Y 轴（高能量到低能量）构成。每个象限包含 25 个情绪词，以帮助学生标记自己的情绪。当然，最重要的是你用它做什么。RULER 的开发者旨在将它嵌入学科课程，而不是作为单独的内容，因此它给教师提供了将情绪调节融入课堂的技巧。

就学校而言，RULER 指出了实施的重要性，它不仅仅是一个对成人来说简单的一刀切方法。RULER 的开发者使用罗杰斯（Rogers, 1962/2003）的创新扩散方法来理解一项举措是如何随着时间的推移而传播（扩散）的。RULER 督促学校明确下列用户并提供不同程度的支持。

- **改革者**——全程将行动向前推进、引领并持续创新的人。
- **初始用户**——热衷于试点的人（约占教职工总数的15%）。
- **早期主体用户**——见证了初始用户成功和挑战后的第一波重要用户（约占教职工总数的三分之一）。
- **后期主体用户**——受组织中的势头影响而加入进来的人（约占教职工总数的三分之一）。
- **落后者**——改变和适应的速度较慢，可能需要更多支持的人（约占教职工总数的15%）。

任何类型的自发倡议都远远比自上而下的法令要复杂得多，这种认识使组织能够更好地应对实施过程中可能出现的低潮和迂回。创新的扩散完全依赖于组织的社会资本，从而或慢或快地采取行动。一所拥有较高社会资本的学校，由于教职工、学生和家庭之间遍布关系网络，可能会更快地扩散创新。同样，拥有较高情绪调节水平的教职工将更有能力解决问题、交流想法，以及应对其他挑战。

> 一所拥有较高社会资本的学校，由于遍布关系网络，可能会更快地扩散创新。

个人笔记

想象一下，一所学校正在考虑一项与情绪调节有关的行动，你需要就这个问题给他们提出建议。你会为每个小组推荐什么样的专业支持？用你自己的情绪智力来思考他们可能提出的观点。

用户	他们可能会有什么感受	他们需要什么支持
改革者 ≈ 2.5%		
初始用户 ≈ 13.5%		
早期主体用户 ≈ 34%		
后期主体用户（疫情影响下的学校教育者）≈ 34%		
落后者 ≈ 16%		

在全校范围明智地实施

对学生的情绪调节技能施加影响，需要审慎思考预期结果。人们急于在全校范围采用一套新的做法时，有时会跳过这一步，把注意力完全放在课程特色或一套程序上，而非首先关注预期结果。事实证明，任何学校或学区要想实施一项举措，如果没有一个共同的愿景和协议，即使计划设计得再好也注定要失败。

> 如果没有一个共同的愿景和协议，即使计划设计得再好也注定要失败。

与贯彻情绪调节指导和实践有关的决定，如识别情绪和帮助学生进行自我管理，需要学校的教育工作者就目的和结果展开讨论。我们发现有助于这些讨论的框架，依赖于一个倒推式的规划方法。虽然我们是在情绪调节倡议的背景下提出这一点的，但它是可以灵活运用的（McCawley, n.d.）。

1. 我们打算施加影响的问题是什么？
2. 当我们达到预期结果时，会是什么样子？
3. 为了实现这一目标，需要改变哪些教师行为？
4. 教师在改变行为之前需要什么知识或技能？
5. 教师进行专业学习需要参加哪些活动？
6. 为达到预期结果，需要哪些资源？

这些问题也适用于规模较小的团体，如一个年级或一个专业学习社群。对这些问题的讨论，为教育工作者提供了通盘考虑结果和必须做出什么改变的空间，而不仅仅是直接开展全校性的专业学习，准备一系列资源。

个人笔记

我们邀请你根据你所在学校可能采取的情绪调节措施,来考虑同样的问题,以便为更大规模的小组讨论做准备。因此,我们要求你现在从自我层面回答问题。你认为这样做的理由是什么?接着,请你与同事一起思考这些问题。

反思的问题	我的思考	我们的思考
我们打算施加影响的问题是什么?		
当我们达到预期结果时,会是什么样子?		
为了实现这一目标,需要改变哪些教师行为?		
教师在改变行为之前需要什么知识或技能?		
教师进行专业学习需要参加哪些活动?		
为达到预期结果,需要哪些资源?		

实 例

沙漠之风小学（Desert Wind Elementary School）的教职工正在探索将自我调节作为全校工作重点的不同可能性。他们看到，与过去相比，学生越来越多地出现情绪爆发和负面情绪问题。这所学校的一个核心信念是，关照学生的情感生活，使他们健康成长。该校的家校组织长期以来一直与教职工和社区同时合作，支持学校的各项新倡议。一个由教职工和家长组成的代表联盟决定展开一项调查，以了解可能的需求。该调查需要为教职工、学生和家长各准备三个问题，你认为哪些问题比较合适？

给教职工的三个问题	给学生的三个问题	给家长的三个问题
1.	1.	1.
2.	2.	2.
3.	3.	3.

自我评估

也许没有哪个模块比情绪调节这一模块更适合做自我评估了。回顾本模块介绍的主要概念和实践，使用红绿灯量表确定你在每项实践中的位置。

实践清单：情绪调节

使用下面的红绿灯量表，反思目前你在自身、学生和学校层面，有哪些做法与情绪调节相关。你想加强哪些方面？

自身层面的机会			
	●红	●黄	●绿
我可以认识到自己在什么情况下能应用情绪自我调节技巧。			
我可以战略性地向上调节或向下调节，以改善我的情绪反应。			
我在平衡内部自我意识和外部自我意识，以加强关系。			

学生层面的机会			
	●红	●黄	●绿
我有一些策略，或者我可以改进现有的策略来帮助学生识别情绪。			
我有工具可以帮助学生以友善的、能促进成长的方式管理情绪。			
当问题出现时，我通常会考虑学生的情感生活，而不仅仅是他们的行为。			

续表

学校层面的途径			
	● 红	● 黄	● 绿
我可以应用倒推式的规划技术来改进我所在学校或地区的实施决策。			
我能更好地觉察同事的情感生活以及他们需要什么支持。			

思考题

- 要将"红灯"变成"黄灯",我该怎么做?

- 要将"黄灯"变成"绿灯",谁会给予我支持?

- 如何利用"绿灯",为集体谋福利?

获取本模块的资源、工具和指南,请访问:
resources.corwin.com/theselplaybook

模块 4

关系信任与沟通

情境描述

布里克和施奈德（Bryk & Schneider，2002）写道，"关系信任是将改善中的学校团结在一起的结缔组织①"（p.144）。在与芝加哥公立学校的合作中，他们发现了成功学校的一个共同条件，即信任是核心。这些学校共同的工作重点是提高学生成绩。那些在教职工、学生和家长中拥有高信任度的学校，在过去10年里稳步发展。

每一所学校都是复杂人际关系的混合体，这些人际关系既会提升也会损害个人和群体的学习。这些相互依存的关系是在群体内部和群体之间形成的。其中一些相互依存的关系是对称的，这意味着每个成员的权力是相似的。例如，师师关系和生生关系是由他们之间平等的关系信任所推动的。而其他相互依存的关系是不对称的，这意味着存在着权力的差异。师生关系以及管理者和教师之间的关系需要关系信任和沟通，这就需要从他人的角度出发以及理解自己（Warren，2018）。读到这里，如果你感到似曾相识，好像和前面模块中的概念，特别是情绪智力和社会资本有相似之处，那么你的想法是正确的。事实上，关系信任会影响每个人、联系每个人，就如同结缔组织的作用一样。

> 每一所学校都是复杂人际关系的混合体，这些人际关系既会提升也会损害个人和群体的学习。

关系信任的滋养必须是有意为之的，而不能听天由命。教育工作者的职责要求我们与所有的同事、学生和家长合作，而不仅仅是那些与我们个人建立了联系的人。这些协同关系中有一些因素是对称的，有些则是不对称的，但关系信任既是工作的润滑剂，也是"地方学校努力改进的道德资源"（Bryk，2010，p.27）。换句话说，信任他人能成为你可以利用的资产，特别是在产生分歧的时候。

---

① 结缔组织是由细胞和大量细胞外基质构成的组织，具有连接、支持、保护、贮存营养、运输物质等功能。——译者注

布里克指出，在教育领域，关系信任的产生有以下几个原因：

- **相互尊重**，特别是在产生分歧或冲突的时候。
- 通过温暖和关心他人来表达**个人尊重**（坦诚、分享个人故事、温和幽默，这些都是我们尊重他人的方式）。
- **核心职责方面的能力**。学校社区的每个成员都有特定的角色职责，而他们能否胜任这些职责又依赖于彼此的能力（在我们学校，成为一名优秀的教师／学生／领导者／家长，意味着什么）。
- **个人诚信**是关系信任的最后一个组成部分，它是一个人诚实和可靠的品质，是衡量一个人是否值得我们信任的基本标准（在教育环境中，它可以体现为同事把学生的福利记在心上）。

同理心的作用

这些都是学校关系信任的特点，我们需要通过移情思维来培养和维持它们。沃伦指出，同理心既是"情感的（移情关怀），又是认知的（观点采择）"（Warren，2018，p.171）。我们将移情关怀作为对另一个需要帮助的人的情感回应。同理心与同情心不同，同情心是对他人经历的伤怀，而同理心这种情感则源于怜悯之心和想提供帮助的愿望。

通过观点采择进行思考和推理，也是对他人的一种回应。当我们从另一个人的角度看问题时，就能更好地理解他是如何看待某种情况的，以及这种看法可能会对他自己的情绪和认知反应产生怎样的影响。这种从他人的视角考虑情况的能力，是解决冲突和分歧的关键，尤其是在他人的观点与你不同的情况下。

教师采用移情关怀和观点采择的能力与其实施文化响应式教学法的能力相关（Warren，2018）。"将他人的社会观点作为一种认知的行为和过程，"研究者写道，"可以［使教师］获得（并推理）关于学生的新认识以及教学的社会文化背景"（p.169）。

同样，移情关怀和观点采择与管理者成为社会正义领导者的能力相关（Boske et al., 2017）。同理心是领导者培养文化响应式自我认识，为所有学生共同创造包容性实践以及与不同学校社区建立联系的核心技能。一位领导者在反思自己在观点采择方面的工作时表示：

> 移情关怀和观点采择与管理者成为社会正义领导者的能力相关。

> 当我开始思考生活在社会边缘意味着什么，并且真正与被剥夺权利的人一起工作时，我发现自己正在关心我的学生、他们的家庭和社会的福利……我的想法和行动发生了转变，我试图以新的方式与人们接触，向他们学习，而不是认为他们要向我学习。我正以一种全新的方式参与。（p.381）

倾听、参与、表达关心和采取行动——这些技能的核心是我们如何提升自己、学生和学校的实力。再看一看你在模块 1 中绘制的"行动价值优势问卷"。移情关怀和观点采择体现在几个核心优势上，包括洞察力、团队协作、判断力、社会智力和领导力。你是否具有其中某种优势？

> 开发沟通工具、培养社会技能，可以推动关系信任的建立。这些工具和技能使个人和团体得以从移情关怀和观点采择的立场出发采取行动。在本模块中，你将学习如何：
>
> - 培养自我可信度（trustworthiness）和信誉度（credibility）。
> - 培养学生与你，以及学生与同伴之间的关系信任。
> - 发展与学生家庭的关系信任。

词汇自检

要求：想一想下表中的术语。

- 如果你第一次听说这个词，请在"第1级"一列里写上日期。
- 如果你以前听说过这个词，但不确定是否能用它来造句，或不知如何给它下定义，请在"第2级"一列里写上日期。
- 如果你对这个词非常熟悉，既能给它下定义，又能用它来造句，请在"第3级"一列里写上日期。

请在本模块的学习过程中和你的日常工作中，更新你对这些术语的理解。请注意，可在表格最后的空白处添加新术语。

词汇	第1级	第2级	第3级	例句	定义
关系信任 （Relational trust）					
同理心 （Empathy）					
观点采择 （Perspective taking）					
实际信任 （Practical trust）					
情感信任 （Emotional trust）					
社会凝聚力 （Social cohesion）					

续表

词汇	第1级	第2级	第3级	例句	定义
教师信誉度 （Teacher credibility）					
同伴关系 （Peer relationships）					
沟通技能 （Communication skills）					
家庭意见 （Family voice）					
家庭决策 （Family decision making）					

第1级＝这对我来说是个新词。
第2级＝我以前听说过这个词。
第3级＝我知道定义，并能用它来造句！

本模块与CASEL框架的联系：

自我意识	自我管理	社会意识	关系技能	尽责决策
• 可信度 • 教师信誉度		• 同理心 • 观点采择	• 关系信任 • 实际信任和情感信任 • 沟通技能 • 社会凝聚力	• 家庭意见 • 家庭决策

关系信任与沟通，从自己做起

在信任的氛围中，团队的工作富有成效、蓬勃发展。作为教育工作者，我们是任何团队——部门或年级组、专业学习社群、委员会不可或缺的组成部分，这些团队的运作需要一定程度的关系信任。缺乏信任的团队发现，尽管成员们做出了努力，但其工作还是受到了破坏。在这样的团队中，成员承受的压力更大，工作满意度更低。

信任的一个简单定义包括信息的真实性和可靠性。但当涉及学校这样的复杂组织时，信任的定义就没那么简单了。我们采用了霍伊和查能-莫兰（Hoy & Tschannen-Moran，2003）对信任下的定义："信任是指个人或团体在相信另一方是仁慈的、可靠的、有能力的、诚实的和开放的基础上，愿意对另一方示弱的态度。"（p.189）我们认同这个定义，

> 我们要想培养信任，就必须是脆弱的。

因为它承认，我们要想培养信任，就必须是"脆弱的"（vulnerable）。这对学生和我们的同行来说都是如此。

做出信任他人的决定，是基于从他人那里收到的信号。现在，让我们回到自己身上：我如何释放信号，表明自己是值得信赖的？一个人的可信度来源于两个维度："实际信任"和"情感信任"。实际信任与可靠性有关。实际信任度高的人会在约定好的时间准时出现，能够及时完成他们承诺的工作。而情感信任要求你表现出对他人的关心和尊重，说话和行动要正直，有错就承认，并表现出"自信的脆弱"（confident vulnerability），这为其他人创造了同样可以这样做的空间。这样的教师不介意向新的团队成员透露自己第一年在学校教书的详细信息；这样的教学教练会分享自己的故事，讲讲自己在首次实施新策略时面临的困难；这样的校长则不介意向副校长坦陈自己职业生涯中的错误，希望他们能够避免同样的错误。

个人笔记

如何在实际信任和情感信任两个维度，向他人传达你是值得信赖的？

	我经常这样做	我有时这样做	我很少或从不这样做
实际信任			
我会提前到达预定的会议现场。			
我会记录工作职责，以便及时完成任务。			
我会及时而准确地完成工作。			
情感信任			
我会花时间关怀他人。			
我会用语言和行动表达对他人的尊重。			
我与他人分享的信息是准确的。			
犯错时我会向团队承认错误。			
我不会背后嚼人家的舌根，说人家的坏话。			
只要我有能力，我就会自愿帮忙。			
我会解释自己的话，以便别人理解我的意图。			
我允许自己在他人面前表现出自信的脆弱。			

现在请分析一下在实际信任和情感信任两方面你有哪些行为。哪些是你的优势领域？你看到了哪些成长机会？

我的优势	我的成长机会

传达你的可信度

你可能已经注意到，你传达自己可信度的能力很大程度上取决于你的沟通方式。学校规定的许多正式的结构化互动（例如，年级或部门会议、专业学习社群会议）导致了纽伯里等人（Newberry et al., 2018）所称的"人为关系"（contrived relationship）。这些会议有一个"行政重点［但］缺乏支持教师日常情感工作所需的情感深度"（p.33）。他们指出，如果不注意这些互动的情感潜台词，不同的做法和理念就会抑制更深层次的工作关系。这样一来，成员们就不愿意分享自己的想法或信念，因为学校鼓励他们"以'教育工作者'的身份而不是以人类同胞的身份相互联系"（Shapiro, 2007, p.618）。

科斯塔和加姆斯顿（Costa & Garmston, 2015）并发了一些可用于认知辅导的沟通工具，它们对于向同事（也包括学生）传达你的可信度是非常有用的。如想了解更多关于协作的七项准则，请访问本书配套网站：resources.corwin.com/theselplaybook。

个人笔记

在沟通中，你如何向别人表达自己是值得信赖的？

	我经常这样做	我有时这样做	我很少或从不这样做
暂停			
我克制自己不说别人的坏话。			
我会等发言者讲完后再做补充。			
转述			
我承认他人的观点。			
在转述时，我避免使用第一人称。			
提出问题			
当我需要更多的细节时，我会提出澄清性问题。			
我提出开放式的问题，以影响说话者思考。			
提供事实			
我关于事实的谈话是中立的。			
我将讨论重点放在事实上。			
有不同意见直接表达			
我使用中性语言将想法与人分开。			
我关注的是想法本身，而不是提出想法的人。			

续表

	我经常这样做	我有时这样做	我很少或从不这样做
关注自己和他人			
我监控自己对想法和人的反应。			
我注意他人的行为和行动,以了解他们的情绪。			
表现出积极意向			
我致力于维护和增强关系信任。			
我重新组织别人的陈述,使其传达出积极的意向。			

现在分析一下你用于传达可信度的沟通技能。哪些是你的优势领域？你看到了哪些成长机会？

我的优势	我的成长机会

实 例

在新学年开始之前,樱桃中学(Cherry Middle School)的科学教师决定举行会议,规划他们部门今年的目标,了解每个人的暑假情况,并认识团队的新成员斯蒂芬·佩里(Stephen Perry)。

佩里先生是一位经验丰富的科学教师,在该州的另一个地方教了几年书。他最近搬到了这个地区,很高兴能在樱桃中学开始新的一年。虽然佩里先生是新来的,但他渴望为团队做出贡献,并在团队设定目标时提出意见,还分享了他以前所在地区的经验。部门会议进行得相当顺利,团队为本学年设定了一些明确的目标。

在这个学期中,佩里先生在和同事谈话间经常提到他以前的地区和学校。他经常这样说:"我以前的地方不是这样的……""去年我……"或"我在以前的学校……"佩里先生显然很难适应这里的教学,他的同事开始对听到他以前的学校感到厌倦,逐渐不再与他互动,除非是在员工或部门会议上。结果,他采取了这样的态度:最好关起门来按照自己的方式做事,而不是寻求同伴的帮助或建议。

科学教师如何与佩里建立更好的关系,以帮助他适应新学校?	
在这种情况下,佩里可以采取什么不同的做法?	

帮助学生培养关系信任与沟通技能

如果你教书超过两年,你很可能深有感触:没有两个班级是完全一样的。即使年级、科目和学校环境不变,学生千差万别的个性也会赋予每个群体独一无二的特质。我们泛指为"课堂共同体"(classroom community),但这个共同体会受到群体社会凝聚力的极大影响。社会凝聚力是指"学生之间积极的人际关系、所有学生的归属感,以及群体的团结"(Veerman & Denessen,2021)。换句话说,这个特殊的年轻人群体是如何沟通、解决问题和共同学习的?成员是否有归属感?他们有共同利益吗?社会凝聚力的效应量为0.53。也就是说,一个与教师一起朝着积极的学习目标努力的有凝聚力的学生群体,更有可能实现其目标(见 www.visiblelearningmetax.com)。因此,强大的社会凝聚力有可能加速团体成员的学习。

课堂社会凝聚力的形成不一定是偶然的。虽然每个人的个性和过往经历各不相同,但你有能力直接影响和促进创造最佳学习条件所需的凝聚力。要努力培养课堂上的关系信任和成员的社会技能。

师生的关系信任

课堂气氛,即心理、社会和情感学习环境,能够对其成员的学习生活产生重要影响。尽管人们对气氛的定义各不相同,但大多数人认为,它融合了能够促进关系信任的三个因素:

- 师生关系
- 同伴关系
- 学习机会、支持和管理(Toren & Seginer,2015)

首先,师生关系需要用心培养。其质量与学生对教师的信任程度相关，而这反过来又决定了他们对教学和反馈的开放程度。我们不是说成人要与学生成为"朋友"；事实上，我们认为这种做法会适得其反，是不切实际的。我们说的是，有效的师生关系是建立在尊重年轻人，将他们视为个体和学习者的基础上的。师生关系中一个真正重要但很少被讨论的品质是教师在学生眼中的信誉度。教师的信誉度对学生学习的影响，效应量为 1.09，在可见的学习数据库（见 visiblelearningmetax.com）确定的 322 个影响因素中排名前十。教师的信誉度与学生是否相信自己可以从这个人身上学到东西息息相关。作为教师，我们要想让学生相信我们，可以培养以下四个特点：

- **能力**："我是否相信我的老师熟悉教学知识并了解学生的学习情况？"
- **可信度**："我觉得我的老师是仁慈的吗？我的老师可靠、诚实吗？"
- **活力**："我的老师热爱他们所教的科目，与我们在一起时充满热情吗？"
- **即时性**："我的老师温和体贴吗？当我的同学或我在学业或情感上有困难时，我的老师会积极地予以回应吗？"

为促进与学生之间的关系信任，我们必须每天向学生示范其样态和感受。我们应有意识地关注自己作为教育工作者的信誉度，用行动向学生展示一个充满关爱的课堂是如何运作的。我们在培养与个别学生的关系上所做的努力，可以对其他学生产生进一步的信号传递效应。我们对一个学生表现出积极和关爱，就会积极地影响其他学生对该生价值的看法。

可以肯定的是，与学生建立关系并不总是那么容易。有时我们不太了解那些较冷淡的学生，有时可能对某些学生不那么亲近（毕竟我们是人）。但我们不仅仅要教我们第一眼就喜欢的学生，我们还有责任与每个人建立积极的学习关系，而这就需要我们有意识地打断自己的互动模式。沃德科夫斯基和金斯伯格（Wlodkowski & Ginsberg，1995）发明了一种 2×10 方法，用于开始或重新开始与学生建立关系，深受教师的欢迎。前提很简单：承诺每天与学生进行两分钟的非正式谈话，连续 10 天。不要让学生知道你的计划，只是想办法与学生聊聊，特别是那些与学校没有直接关系的事情。找出他们感兴趣的东西，或针对他们非常了解的事情寻求建议。如果你在一所规模较大的学校工作，你可能需要利用课前或课后的时间与他们谈谈。这些谈话可以在走廊、餐厅或操场上进行。在此过程中，你可能会发现一些关于自己的事情。关系的有趣之处在于，它是双向的，你与学生的有意交流也会使你感受到，什么样的行为对学生来说是温暖和充满关爱的。

个人笔记

请反思你与学生的关系。想一想与谁建立积极的师生关系比较困难？使用下表来计划你的 2×10 对话。在两周结束时，记下你对该学生的了解程度。你将如何利用了解到的内容加强你们的关系？

2×10 计划的对象：＿＿＿＿＿＿＿＿＿＿＿＿＿＿＿＿＿＿＿＿＿＿
时间段：＿＿＿＿＿＿＿＿＿＿＿＿＿＿＿＿＿＿＿＿＿＿＿＿＿＿＿

计划的问题	想法	我了解到的内容	我将如何利用
具体安排：何时何地？			
我想进一步了解这个学生的什么情况？			
可以谈的话题都有什么？			

同伴关系与沟通技能

社会凝聚力的第二个维度是学生之间的同伴关系。事实证明，这对一些学生来说是一条比较坎坷的道路，他们在课堂上的学习和行为困难会对他们与同伴的关系产生负面影响。那些有破坏性行为的学生尤其容易受到伤害。一项研究表明，有破坏性行为的学生与同伴的关系在该行为发生后的 9 个月内持续下降（Mikami et al., 2012）。

> 有破坏性行为的学生尤其容易受到伤害。

当然，同伴关系与教师并非毫无关系。这些有破坏性行为的学生往往与教师的关系也是负面的。事实上，教师对破坏性行为的反应可以对学生的社交偏好产生积极或消极的影响。学生很善于找出老师不喜欢的人。我们的消极反应会在无意间流露出我们希望学生如何反应。结果呢？"我的老师不喜欢艾米丽，那我也不喜欢。"反过来，为有破坏性行为的学生提供情感支持和教学支持的教师，以及在课堂上不提倡以成绩划分等级的教师，则可以减少同伴对有破坏性行为学生的负面社会排斥（Mikami et al., 2012）。我们应弱化比较学生成绩的做法，例如：

> 学生很善于找出老师不喜欢的人。

- 在课堂上展示所有学生的学习成果（如阅读的图书数量、当前的阅读水平或数学水平、测试结果）。
- 展示行为成就（如回形针图）。
- 制定差别化的奖励制度（如小组积分、班级积分）。
- 按成绩水平进行一致的分组（如按能力分组、永久同质小组）。

同伴关系的好处在于，它可以产生显著的积极影响。积极的同伴影响能够促进人的成长，影响学习的效应量为 0.53（见 www.visiblelearningmetax.com）。积极的同伴影响可以增加身体活动，减少危险行为，如吸烟、药物滥用和其他能引起健康问题的行为。此外，它还可以增加年轻人通过大专院校和职业教育来追求理想的可能性。同伴的接受度并不局限于友谊；相反，它是衡量一个年轻人在活动和任务中受到喜爱和欢迎的程度，而无论友谊如何（Wentzel et al.，2021）。

提升沟通技能

沟通能力可以滋养和阻碍学生之间的同伴关系。对课堂上的幼儿来说，这种沟通能力通常表现为听和说的程序。重要的是，这些程序应该在学年中不断发展，以提高学生持续对话的能力。例如，随着学年教学的展开，教师对幼儿园孩子的期望逐渐提高，这会对小伙伴们在课堂上的谈话（从一级到四级）产生影响（见图4.1）。

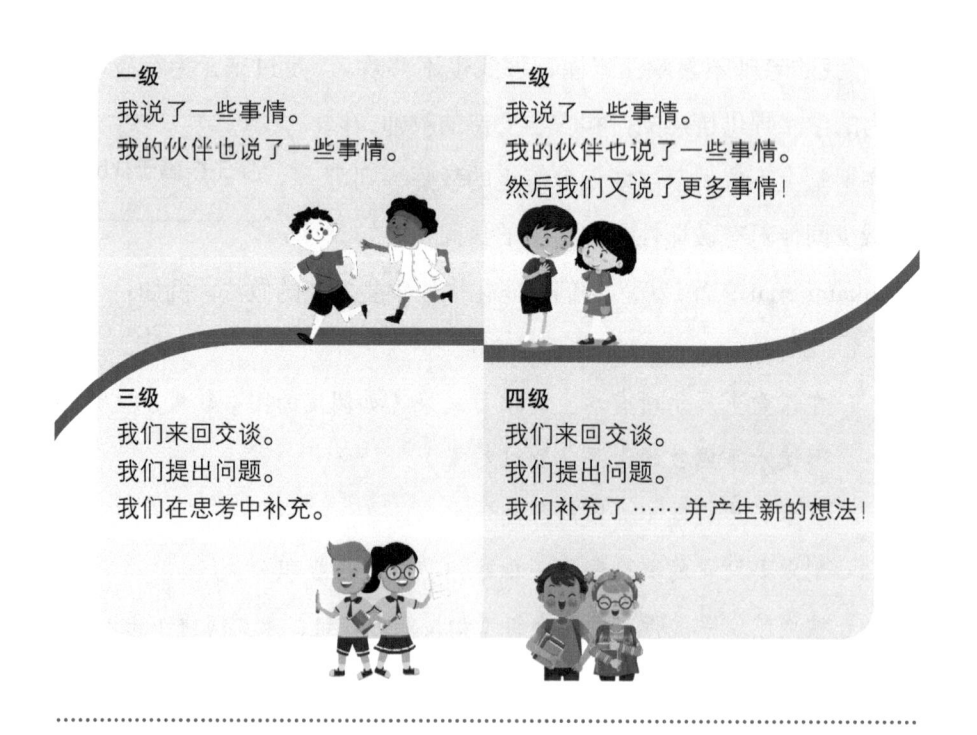

一级
我说了一些事情。
我的伙伴也说了一些事情。

二级
我说了一些事情。
我的伙伴也说了一些事情。
然后我们又说了更多事情！

三级
我们来回交谈。
我们提出问题。
我们在思考中补充。

四级
我们来回交谈。
我们提出问题。
我们补充了……并产生新的想法！

图 4.1 伙伴对话规则
来源：使用 Canva.com 创建。

可以通过语言框架培养学生的沟通技能，为学生提供他们所需的支持，使他们能够相互尊重、卓有成效地合作。学生在处理学习问题时可能没有储备互相交换意见所需的词汇，所以要在课堂上教授和示范如何使用语言框架，让学生能了解它们。把它们印在桌卡上，以此提醒学生使用它们是很有用的方法。可用的语言框架有：

- 我的答案是_____，因为_____。我认为答案是_____，因为_____。我同意_____，然而，_____。_____也可以表现为_____。
- 你为什么选择这个算法？（用数学说明）
- 我选择这个算法是因为_____。（用数学证明解决方案的合理性）
- 我认为_____属于这一类，因为_____。你觉得呢？
- 你能解释一下如何／为什么_____吗？
- 我想知道如果_____会发生什么。
- 让我们看看如何测试我们对于_____的想法。
- 我同意_____，因为_____。
- 我不同意_____，因为_____。
- 你认为如果_____，接下来会发生什么？
- 听到_____之后，我发现_____。
- 你为什么认为_____？
- _____如何改变_____？

沟通也是非言语的，很容易被误解。一个人的肢体语言、音调、音量、面部表情、手势和身体距离不仅表达想法，也传达心境。事实上，人们通常将从他人那里接收的非言语信号描述为"解读"他人想法和情绪的一种方式，而这些信号可能受到文化解释的影响。与他人对视很容易被误解为咄咄逼人或失礼，尤其是存在年龄差异时，比如当一个孩子与成人说话的时候。虽然学生通常被告知要与他人进行眼神交流，但对一些被教导要移开目光以示尊重的学生来说，这可能是个挑战。

有些面部表情是通用的，比如表现愤怒、悲伤或喜悦的表情。尽管有的人较多地使用手势，有的人不怎么使用手势，不同性别和文化背景的人也会使用不同的手势，但许多手势，也就是所谓的"语言说明者"（speech illustrators），也是通用的，可以将其视为"用手说话"（Matsumoto et al., 2012）。幼儿和有沟通困难的学生可以从一些课程中受益，这些课程将各种面部表情与情绪联系起来，并教他们如何应对。有关如何辨别身体语言的小提示有助于所有年龄段的学生。以身体距离和位置为例：如果一个学生坐在远离同桌的地方，双手叉腰，很可能是在表达他对同桌或现状的不满。与其仅仅纠正外在的非言语行为，不如去了解发生了什么。如果你发现没什么问题，恰当的做法是，悄悄提醒该学生，这种行为不符合他的本意。

建立和维系积极同伴关系所需的言语和非言语沟通技能不是一次就能学会的。请确保将这些内容融入课堂的结构，这样你可以对同伴关系产生很大的影响。在培养课堂上的同伴关系方面，美国安全支持性学习环境中心（National Center on Safe Supportive Learning Environments）提出了建议，如表4.1所示：

表 4.1　培养课堂同伴关系的建议

给教师的建议	如何做
1. 在大组活动期间，每天教授学生积极的社会互动方式。课堂上的任何团队活动时间通常都提供了很好的机会，可以用几分钟的时间来教授这些技能。	• 解释社会技能。 • 示范使用该技能的正确方法。 • 提供错误的例子或非例（nonexample），让学生弄清楚缺少了什么步骤。 • 让学生与成人一起练习一项技能。 • 让学生和其他学生一起练习一项技能。 • 在类似情况再次出现时复习该技能（或提供"助推器"）。

续表

给教师的建议	如何做
2. 监测课堂上自然发生的、积极的同伴社会互动。积极在教室里走动,在活动中与学生互动,寻找正在使用目标社会技能的学生。随时准备提供帮助、支持和指导,以促进学生之间成功的同伴互动。	• 根据需要给出提示,提醒学生: 　◦ 合作 　◦ 分享材料和想法 　◦ 坚持 　◦ 练习积极倾听 　◦ 监测非言语行为
3. 根据需要为学生提供额外的帮助,以确保同伴的社会互动是成功的。	• 就适当的行为模式做出示范。 • 给予具体的语言提示(例如,"记得要拍他的肩膀")。 • 提供身体上的帮助。 • 为学生创造谈论社会技能的机会。
4. 通过积极的反馈和关注,对正在使用目标社会技能的学生给予肯定。提供鼓励或支持。	• 对社会技能的使用提供积极的反馈和关注。 • 说出该技能的名称以及使用该技能的方式。 • 单独表扬学生在各种场合对该技能的使用。

来源:改编自 National Center on Safe Supportive Learning Environments(n.d.)。

实 例

诺尔玛·滨崎步(Norma Hamasaki)教一年级已经超过 15 年了。虽然她知道培养学生的社会技能和沟通技能的重要性,但与此相关的具体教学从未在她的课堂上占据中心位置。她偶尔会大声朗读图画书,并定期安排课程和活动来教授重要技能,例如,使用亲切的语言、轮流进行、倾听和遵循指示。通常，这些课程和活动的需求是被动的，而不是主动的。

然而，由于新冠疫情的影响，滨崎步女士发现，与过去相比，有必要投入更多的时间和精力来帮助学生发展社会技能。她注意到，除了"一年级学生应学习的规范行为"外，她的学生还需要在技能方面获得大量支持，如保持耐心、与他人合作以及当现实与预期不同时应做出哪些恰当行为。虽然为学生朗读儿童文学书籍对滨崎步女士有帮助，而且通常为她提供了一个教授社会技能的很好的起点，但她已经开始将角色扮演作为一种关键策略，帮助学生练习需要发展的技能。

她首先向全班学生朗读了一个情景。他们讨论该情景，并创建了一个 T 形图进行头脑风暴，找出应对这种情景的适当方式和不适当方式。然后，她挑选学生参加多轮角色扮演。这样一来，很多学生就可以练习使用符合该情景的技能和语言。有时她会提示学生在角色扮演中使用"适当反应清单"中的想法，有时她又会提示学生使用"不适当反应清单"中的想法。学生在每一轮角色扮演之后开展全班讨论，分享他们看到的内容（鼓励学生关注言语和非言语线索），提出问题，并反思该情景如何帮助或伤害了相关人员。

滨崎步女士在使用角色扮演的策略中是如何帮助学生发展社会技能的？在提高社会技能方面，你能向她提出哪些进一步的建议？请使用表 4.1 来帮助你思考。

依靠学校推动关系信任与沟通

家庭的情况又是怎样的呢？在本模块的前几部分中，我们强调了在与同事和学生的互动中需要关系信任、社会技能和沟通。但是，组织成员的社会和情感健康的一个重要组成部分在于其与家庭的关系。家校伙伴关系被广泛理解为学生学业进步和社会情感成长的关键。家长的参与和学生的学习之间存在着关联，其效应量为0.42（见 www.visiblelearning.com）。事实上，家长参与是可见的学习数据库中影响最广泛的因素之一，涉及120万名学生。

> 家校伙伴关系被广泛理解为学生学业进步和社会情感成长的关键。

然而，问题在于，传统的家庭参与往往更符合美国中产阶级的期望，如在学校做志愿者。无论是经济上还是文化上，这都不能反映当今大多数家庭的需求和现实。在学校里可以做志愿者的全职在家父母要少得多。当然，这样狭义的参与并不能满足家庭对文化和语言的期望。值得注意的是，许多学校并不了解其社区中各种各样的育儿做法和安排（Davidson & Case，2018）。总的来说，学校一种善意但被误导的做法是，狭隘地侧重于"使家庭更像学校，而不是让学校更像家庭"（Frey，2010，p.42）。为了加强家校伙伴关系，戴维森和凯斯（Davidson & Case，2018）建议学校采取以下行动：

- 建立信任和关系。
- 提高边缘化家庭的话语权。
- 分享决策权。

家校的关系信任

与一个家庭建立关系需要融洽的往来。许多家长会告诉你，他们只有在孩子出了什么问题时，才能收到学校的信息。通过一些实践来打破这种隔阂，可以让家庭能够实实在在地与学校建立良好的关系。一些教师会在开学前几周给新生发一封邮件。这无疑是一个很好的做法，大多数孩子都喜欢从未曾谋面的老师那里收到一些信息。但这些做法是否得到了推广？有些孩子出于种种原因在学期开始后很久才能上学，教师是否单独联系过这些孩子和他们的家人？你可以想象，对一个在学年过半才来上学的年轻人来说，来到新学校会给他带来多大的困扰。对焦虑不安的家长而言，一张友好的便条或一通电话可能是受欢迎的。

家访可以成为建立融洽关系的一个有效途径。在我们三人工作的学校，特殊教育工作者会与残疾学生及其家长联系，欢迎他们来学校。他们主动提出到家里拜访，或者与家长约在其他地方见面（不是每个人都希望你到他们家去）。特殊教育工作者与学生和家长进行非正式访谈，以了解更多学生的情况，努力提供符合学生和家长期望的支持。事实证明，这是了解新生并与家庭建立信任关系的绝佳方式。表4.2是一份学生档案表模板，可供参考。

表4.2　学生档案表

学生姓名：
日期：
档案填写人：
受访人员：

这个学生的优势和兴趣是什么？

这个学生有什么理想？

有哪些成功的学习策略和适应措施？

这个学生是否使用了任何非正式或正式的沟通策略？

哪些积极的行为支持策略真正有效？

是否有评估的便利条件？

我们应该了解哪些重要的家庭信息或健康信息？

建立融洽关系和关系信任的另一个重要技巧是参加社区活动。学校在当地节日和公共活动中的表现总是受到赞赏。许多学校行政人员都强调要参加这些活动，因为借此机会，他们可以深入家庭所处的环境，去了解家庭的实际情况。然而很多时候，我们期望的是家长来找我们，而不是我们去找他们。

了解学校社区及其家庭的需求对于创建响应系统是至关重要的。例如，我们与其他机构一起，建立了一个以学校为基础的健康中心，还免费为家庭提供英语课程。这两个案例都是由家庭的需求推动的。

> 很多时候，我们期望的是家长来找我们，而不是我们去找他们。

在我们目前工作的学校，我们已经拟定了符合加利福尼亚州学校法律的程序，以便在学生的看护人被移民和海关执法局拘留，进而驱逐出境的情况下，实施家庭安全计划。我们依靠家长们的智慧拟定好了这些程序。他们建议我们完善家庭安全计划的信息，鼓励有需要的家庭提交看护人的授权宣誓书，以便在发生这种情况时授予临时监护权，并联系了一名移民律师为我们提供进一步的建议。

关系信任始于建立融洽关系，但只有当学校采取措施去了解社区及其优势和需求时，关系信任才会真正建立。这些伙伴关系反过来又扩大了学校支持学生的资源。

个人笔记

你或你的同事参与了哪些工作来建立与家庭的融洽关系和关系信任？

向第一次来学校的家长进行初步介绍。	
通过家访或社区访问了解情况（不仅仅是解决问题）。	
介绍学校在社区活动中的表现。	
征求家庭对社区需求的建议。	

重视家庭的意见和决定

致力于与家庭维护信任关系的学校，可以确保家庭在学校决策中有话语权。而且同样重要的是，我们需要他们这样做。正如戴维森和凯斯（2018）所指出的，"家庭的意见受到重视，才更有可能在学校社区中担任领导角色"（p.53）。美国家长—教师协会（National Parent-Teacher Association）指导学校和家庭通过健康和有益的方式开展合作。

- **欢迎所有家庭进入学校社区**，不仅要求学校营造一个充满创造力的氛围，而且要求家庭之间相互欢迎。一个具有包容性的氛围取决于每一个成员，包括那些具有不同文化、种族、经济条件和家庭结构的成员。
- **有效沟通**，让信息彼此共享，并使家庭渴望成为学校社区中的积极参与者。每个家庭的有效沟通方式都是不同的，并不局限于那些能够成为志愿者的家庭。有效沟通意味着大家为了共同的利益而出谋划策。

- **支持孩子走向成功**，需要家庭给孩子提供社会、情感、精神和身体的滋养，成为学校做好教学工作的坚实后盾。
- **为每个孩子说话**是对前几项标准的延伸。家庭支持那些在满足子女需求上有困难的人，并与学校合作，照顾最弱势群体的需要。
- **分享权力**意味着各相关方愿意就某些观点展开辩论，相互倾听，并找到双赢的解决方案，这是学校教育坚持民主原则的体现。

尽管如此，家庭往往被限制在狭窄的通道上，而不被允许成为学校社区的全面参与者。家庭参与学校事务有多种形式，下面我们将这些形式按家庭话语权的多少从低到高进行排列。

- **表达**：家庭参与的机会最小，且仅仅是表面参与。
- **协商**：在学校工作人员的倡议下，收集家庭意见。
- **参与**：成为会议观察员，但会议仍由学校员工主导。
- **结伴**：成为委员会的正式成员，学习在学校各场所工作所需的专业知识。
- **行动**：发现学校和社区的问题，并制定解决方案。
- **领导**：带头各项工作，与学校员工共同规划并指导其行动。

个人笔记

考虑一下你的学校为家庭的意见和决策提供了哪些机会。我们改编了托沙利斯和纳库拉（Toshalis & Nakkula，2012）关于学校中学生话语权的研究，以确定家庭意见和家庭决策的框架。请确保家庭在评估中得到体现。你认为你们当前处于谱系中的什么阶段？会如何成长？

当前处于谱系的什么阶段：_____

当前优势	成长机会

以家庭意见为导向的活动谱系

家庭阐述观点 ◀------- 家庭作为利益相关者参与 -------▶ 家庭指导集体活动

家庭是数据来源 ◀------- 家庭是合作者 -------▶ 家庭是变革的领导者

表达	协商	参与	结伴	行动	领导
自愿发表意见，创作艺术作品，进行庆祝、抱怨、赞扬、反对。	有机会表达自己的意见，提供反馈，参加焦点小组，并完成调查。	参加做出决策的会议或活动，经常参与问题界定和行动规划。	在决策中发挥正式作用，根据规范程序的要求（而不仅仅是被邀请）去参与；教育工作者接受有关如何与家庭伙伴合作的培训。	发现问题，提出解决方案，组织应对措施，在校内外推动或开展教育变革。	（共同）计划，做决策，并对结果承担重要责任，（共同）指导小组进程，（共同）开展活动。

在学校中或课堂上，大多数家庭表达意见的活动都处于这一范围。

从左到右，成人分享权力、展示信任、开展合作、相互学习和解决分歧的需要逐渐增加，家庭的影响、责任和决策权也逐渐增加。

来源：改编自 Toshalis and Nakkula（2012，p.24）。

实 例

奥克伍德高中（Oakwood High School）是该地区最古老的学校，在体育和学术方面均取得了瞩目的成就。它拥有该地区所有学校中最大的校友会，一直以来受到学校悠久体育传统的滋养。然而，它目前的服务对象与1960年代在该校就读的学生有很大的不同。50年前，这里曾经是一个以白人为主的工人社区，而现在，这里的社区成员来自世界各地。当地的教堂和清真寺与市政府和州政府官员合作，收容来自冲突地区的难民。一位行政官员说："如果［一个国家］登上新闻头条，我们很快就会在这里找到他们的同胞。"

然而，该校在解决如何与众多家庭建立关系信任和开展良好沟通方面进展缓慢。校友会是学校基金会的主要捐赠者，已经习惯于对学校决策施加影响，但其最近的一些决定与社区的需求和愿望并不一致。

领导团队希望提高他们建立联系的能力，积极响应生机勃勃的学校社区的需求。你会建议他们怎么做？请使用下表对奥克伍德高中提出建议。

问题和困境	你的建议
了解当前社区的优势和需求	
提高学校在社区的关注度	
提高家庭在学校运作中的话语权	
了解校友会关注的问题	
培养社区伙伴关系	
充分利用当地政府和非营利组织的资源	

自我评估

回顾本模块中的主要概念和实践，使用红绿灯量表确定你在每项实践中的位置。

实践清单：关系信任、社会技能和沟通

使用下面的红绿灯量表，反思目前你在自身、学生和学校层面，有哪些做法与关系信任、社会技能以及沟通相关。你想加强哪些方面？

自身层面的机会			
	●红	●黄	●绿
我能够与他人建立实际信任。			
我能够与他人建立情感信任。			
我会使用沟通工具来树立我的可信度。			
学生层面的机会			
	●红	●黄	●绿
我致力于建立和发展师生关系。			
我积极培养我的教师信誉度。			
我在学科教学中能够教授并融入培养同伴关系的技巧。			
我在学科教学中能够教授并融入适合发展的沟通技巧。			

续表

学校层面的途径			
	● 红	● 黄	● 绿
我知道我所在的学校或地区如何与家庭建立关系信任。			
我看到了自己在促进与家庭建立关系信任方面的作用。			
我主张在我所在的学校或地区提升家庭的话语权。			
在学校,我与家庭合作,做出重要的决定。			

思考题

● 要将"红灯"变成"黄灯",我该怎么做?

● 要将"黄灯"变成"绿灯",谁会给予我支持?

● 如何利用"绿灯",为集体谋福利?

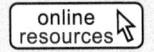

获取本模块的资源、工具和指南,请访问:
resources.corwin.com/theselplaybook

模块 5

个体效能与集体效能

情境描述

在最基本的层面上,"效能"(efficacy)是指实现预期结果的能力。这就要求我们定义自己想要的结果是什么,然后决定我们是否相信自己有能力实现这个结果。效能将定义结果或目标、激发自尊和识别"心理控制源"(locus of control)这三点结合起来。

目标或预期结果是效能的一个重要方面。如果我们不关心目标,或者缺少实现目标的驱动力,我们就不太可能朝着目标付出努力。例如,学生重视且难度适宜的目标,会对他们的学习产生较大的影响。难度适宜的目标的效应量为 0.59,高于平均影响力水平。一般来说,学校里有两种目标:学业成绩和掌握情况。学业成绩目标将一个人的能力与其他人进行比较,通常关注的是获胜、看起来聪明、取得好成绩。此类目标的效应量是 0.03,几乎接近于零。另外,掌握情况这一目标侧重于根据一套标准来学习和完成任务,其效应量是 0.13,比学业成绩目标高些但也并不那么显著。由此看来,似乎真正能影响学习的是学生对目标的投入,其效应量提高到了 0.40,而学生对目标或预期结果的清晰度,其效应量达到了 0.51。

这些信息似乎有些矛盾。目标的类型看起来没有学生对目标(或结果)的理解以及对结果的投入重要。我们认为,这一点对教育工作者和他们的学校系统来说也同样成立。让我们假设,你想要的结果是为学生提供更好的直接指导以及成为学生的榜样。如果你清楚地知道这意味着什么并为实现它而努力,那你就更有可能实现这个结果。学校系统也是如此。我们很多人都被告知学校的目标是什么,比如阅读分数需要提高10%。这个目标看上去似乎是值得我们去争取的,但如果我们不清楚这意味着什么,而先去处理其他事,我们就不太可能实现这一目标。

自尊也是效能的一个重要方面。库珀史密斯(Coopersmith,1967)认为自尊有三个指标,包括价值感、能力感和接纳感。更具体来说,它们是指：

1. **价值感**：一个人判断他对自己和他人是否有价值的能力。
2. **能力感**：一个人判断自己是否具有应对困难、挑战、工作等一系列解决问题的能力。
3. **接纳感**：一个人接受自己和他人的长处和短处的能力。

每一个指标都有助于提高一个人的效能，提升其为实现预期结果而付出努力的能力。其中任何一个指标受到损害时，预期结果就不太可能实现。当然，这也与一个人的心理控制源有关，这是罗特（Rotter, 1954）提出的一个概念。拥有强烈内控性（internal locus of control）的人相信，事情的发生主要归因于他们的能力、行动或所犯的错误。拥有强烈外控性（external locus of control）的人认为，其他外力，比如，随机的机遇、环境或他人应对他们生活中发生的事件负责。人们往往倾向于其中一种，而那些拥有内控性的人通常更成功、更健康、更快乐（如Galvin et al., 2018）。表5.1显示的是两者之间的一些区别。

重要的是，这三个指标不是固定的，也并非我们基因的组成部分。它们至少在某种程度上是受到环境和我们的经验影响的，而且它们是可塑的。因此，我们可以改变我们思考预期结果的方式，培养自尊，提升我们对世界的控制感。这也适用于我们的学生和我们工作的学校系统。

所有这些有助于促进效能感的形成。自我效能对学习有强大的影响，其效应量为0.65。到目前为止，有11项关于自我效能的元分析，涉及1296099名学生。换句话说，在自我效能对学习的重要影响方面，我们非常自信。这也是年轻人与其童年不幸经历和解的一个重要方式。我们再次强调，这就是为什么社会情感学习和学科学习一样重要的原因。两者是相互联系和相互依存的。

表 5.1 内控性与外控性的区别

内控性	外控性
• 更有可能为自己的行为负责。 • 较少受到他人意见的影响。 • 当被允许按自己的节奏工作时,往往能更好地完成任务。 • 通常有强烈的自我效能感。 • 通常会努力尝试实现自己想要做的事情。 • 面对挑战时感到自信。 • 通常身体更健康。 • 通常更快乐和更独立。 • 通常在职场上更成功。	• 指责外力造成了他们的处境。 • 经常把成功归因于运气或偶然。 • 不相信通过自己的努力能改变处境。 • 面对困境时经常感到无望或无力。 • 更容易经历习得性无助(learned helplessness)①。

来源:Cherry(2020)。

班杜拉(Bandura)首次提出"自我效能"这个术语,他将其定义为我们对自己是否有能力控制自身机能和影响我们生活的事件的自信程度。用更简单的话来说,自我效能是在特定情况下我们对自己能否成功所持的信念(Bandura,1977)。请注意,它与自信是不同的。我们可能确信我们会失败,也可能过度自信,甚至是不切实际。而效能意味着你可以控制自己的动机、行为和社会环境。效能有以下四个维度(Bandura,1993):

1. **掌握经验**。掌握经验是发展和提高效能的一个重要因素。当我们通过努力工作或取得成就来体验成功时,我们就开始将这些

---

① 习得性无助是指个体经历某种学习后,在面临不可控情境时形成无论怎样努力也无法改变事情结果的不可控认识,继而导致放弃努力的一种心理状态。——译者注

成功归因于我们的行动而不是外力。换句话说，成功孕育成功。我们会寻找那些我们相信自己能成功的情境，因为这能提高我们的自我效能。相反，我们倾向于回避那些我们认为自己会失败的情境。或者说，如果我们已经认为自己的效能有限，我们就会寻找那些可以佐证我们不会成功的证据。

2. **做出示范**。当我们看到别人成功，特别是认为他们与自己差不多时，我们的自我效能就会提高。在很大程度上，人们常常对自己说："如果他们能做到，我也可以。"他人的示范经验为我们提供了取得成功的例子。重要的是，这些示范者掌握的经验需要引发更好的成果，我们才会更愿意尝试示范者的示范行为。

3. **社会劝说**。他人的鼓励可以帮助我们建立自我效能，只是程度较小。我们说程度较小是因为前两个因素的影响力非常强大。但我们不想忽视同伴支持的力量。当我们信任为我们加油的人时，自我效能就会提升。如果这个人对待我们是诚实的，而且我们相信这个人把我们的利益放在心上，那么社会劝说就可以成为一个转折点。

> 当我们信任为我们加油的人时，自我效能就会提升。

4. **生理因素**。许多生理和生物方面的因素都能影响自我效能。当我们压力重重的时候，我们的自我效能通常会降低。也就是说，除非我们学会认识到这种压力是自然成长过程的一部分，否则我们就会在压力的影响下降低自我效能。同样地，我们在受到惊吓时不但很难保持自我效能，相反会进入一种想要逃跑、准备战斗或僵立不动的状态。自我效能程度较高的人能认识到这些生理因素，并理解它们是对不同境遇做出的自然生物反应，而不一定是失败的信号。

图 5.1 展示了班杜拉在以上每个维度的重要观点。

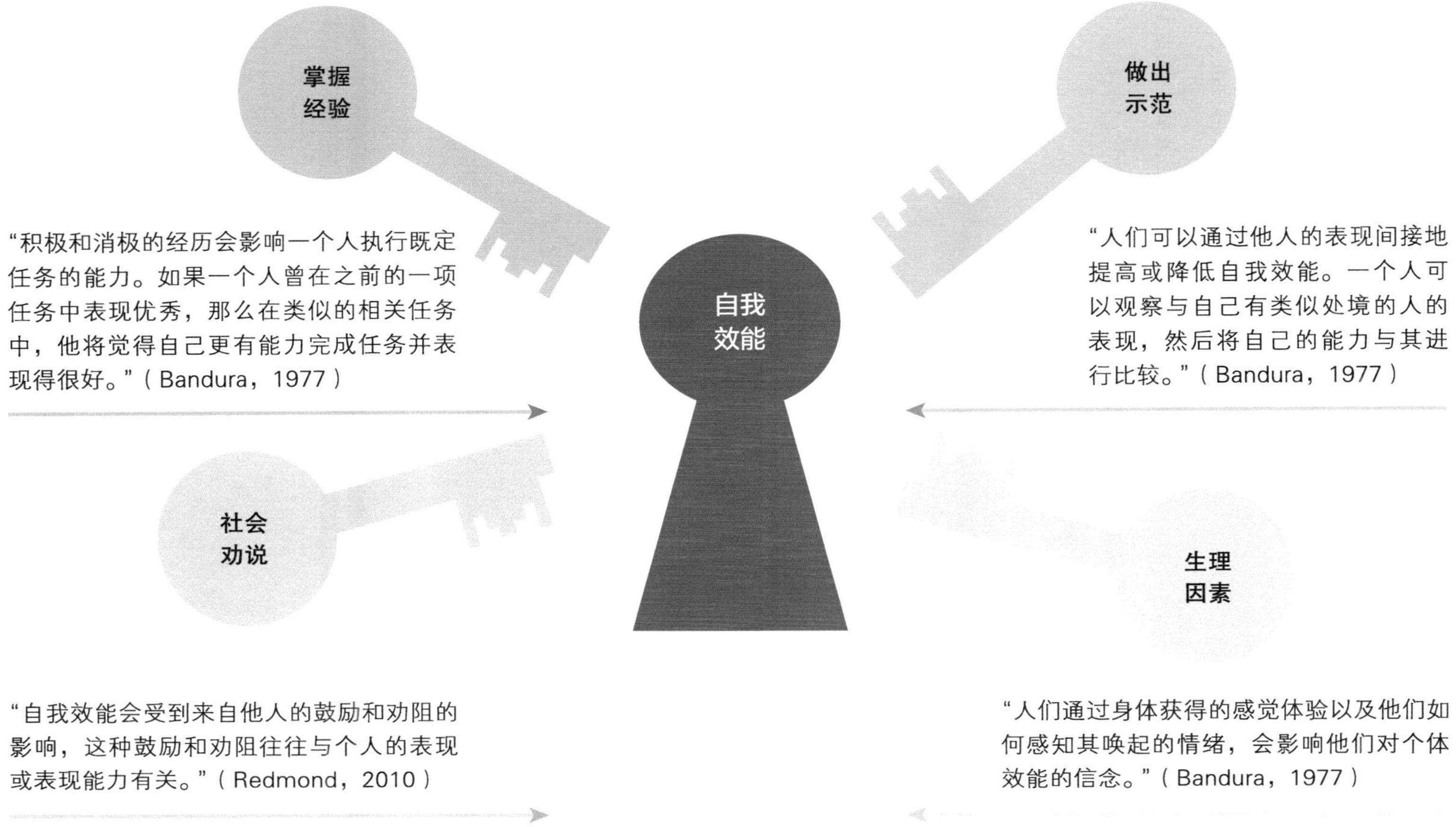

"积极和消极的经历会影响一个人执行既定任务的能力。如果一个人曾在之前的一项任务中表现优秀,那么在类似的相关任务中,他将觉得自己更有能力完成任务并表现得很好。"(Bandura, 1977)

"人们可以通过他人的表现间接地提高或降低自我效能。一个人可以观察自己有类似处境的人的表现,然后将自己的能力与其进行比较。"(Bandura, 1977)

"人们通过身体获得的感觉体验以及他们如何感知其唤起的情绪,会影响他对个体效能的信念。"(Bandura, 1977)

"自我效能会受到来自他人的鼓励和劝阻的影响,这种鼓励和劝阻往往与个人的表现或表现能力有关。"(Redmond, 2010)

掌握经验

做出示范

生理因素

社会劝说

自我效能

图 5.1 效能的四个维度

来源:改编自 Penn State Wiki Spaces(n.d.)。

模块 5　个体效能与集体效能　　149

马杜克斯（Maddux，2013）提出了获得自我效能的第五条途径，即"想象体验"（imaginal experiences），也就是一种想象自己在特定情况下能高效行动或成功行动的艺术。这就像那句老话所说："它是如此接近，你几乎可以尝到它的味道。"[①] 想象体验要求人们能够具象化以及在脑海中想象自己有达成目标的能力。如马杜克斯和迈耶（Maddux & Meier，1995）所指出的，为了提高自我效能，我们需要聚焦于描绘这样一幅画面——让成功看起来是最可能的结果。换句话说，就是想象自己已经站在终点线上并相信自己能够到达那里。

> 无论是在学业上还是在社会交往上，效能都是学习的一个重要方面。在本模块中，你将学习：
>
> - 你的心理控制源和效能感。
> - 如何培养学生的效能。
> - 让集体效能有益于学生和你的同事的方法。

[①] 这句谚语的原文是"It's so close you can almost taste it."，意即对即将发生的事情感到非常兴奋。——译者注

词汇自检

要求：想一想下表中的术语。

- 如果你第一次听说这个词，请在"第1级"一列里写上日期。
- 如果你以前听说过这个词，但不确定是否能用它来造句，或不知如何给它下定义，请在"第2级"一列里写上日期。
- 如果你对这个词非常熟悉，既能给它下定义，又能用它来造句，请在"第3级"一列里写上日期。

请在本模块的学习过程中和你的日常工作中，更新你对这些术语的理解。请注意，可在表格最后的空白处添加新术语。

词汇	第1级	第2级	第3级	例句	定义
效能 （Efficacy）					
心理控制源 （Locus of control）					
掌握经验 （Mastery experiences）					
想象体验 （Imaginal experiences）					
自信 （Confidence）					
寻求帮助 （Help-seeking）					

续表

词汇	第1级	第2级	第3级	例句	定义
学习坑 (Learning pit)					
自我评估 (Self-assessment)					
集体效能 (Collective efficacy)					
安全实践 (Safe practice)					

第1级 = 这对我来说是个新词。
第2级 = 我以前听说过这个词。
第3级 = 我知道定义,并能用它来造句!

本模块与CASEL框架的联系:

自我意识	自我管理	社会意识	关系技能	尽责决策
• 自我效能 • 掌握经验 • 自信 • 学习坑	• 心理控制源 • 自我效能 • 目标设定		• 集体效能	• 集体效能 • 安全实践

提高效能，从自己做起

你是否相信自己有能力完成你的职业目标？换句话说，你有强烈的效能感吗？新冠疫情期间的教学和线下学习的恢复对学生来说都伴随着挑战，学生在课堂上可能会溜号或经常缺席，这些都不断挑战着我们的信念：我们是否有能力和学生一起大显身手。

正如查能-莫兰和伍尔福克·霍伊（Tschannen-Moran & Woolfolk Hoy，2001）指出的，当事情未按计划进行时，对效能所持的信念会影响教育工作者的坚持，以及他们为学习有困难的学生提供支持的能力。具有较强效能感的教师会：

> 你是否相信自己有能力完成你的职业目标？

- 表现出更高层次的计划和组织能力。
- 更愿意接受新思想，也更愿意尝试新方法以更好地满足学生的需求。
- 在事情进展不顺利时，更有毅力也更具灵活性。
- 更少批评犯错的学生。
- 不太倾向于将学习有困难的学生转去特殊教育。（Protheroe，2008，p.43）

也有证据表明，教师的效能低与教师职业倦怠和教师离职有关。正如朱明婧等人（Zhu et al., 2018）所指出的，教师效能会受到若干职业倦怠因素的影响，包括情绪耗竭、人格解体（depersonalization）[①]和个人成就感降低。其中一个能让教育工作者关心自己的方法是监测他们的效能感，并在影响他们效能感的方面采取行动。

[①] 人格解体是个体对自身或外界事物感到疏远、陌生、不真实的精神状态。——译者注

> **个人笔记**

你至少可以在与学校有关的方面了解你的效能。请回答表 5.2 中的问题。在右栏的 9 个选项中任选一个，表明你对左栏中每个问题的看法。从①（全无）到⑨（非常多），每个数字代表一种程度。

表 5.2　教师效能感量表

请基于你目前的地位和处境，综合考虑你当下的能力、资源和机会，认真回答以下每一个问题。	全无	非常少		有时有		经常有		非常多
1. 在教室里，你能做多少事来管控破坏性行为？	①	②	③	④	⑤	⑥	⑦	⑧ ⑨
2. 你能做多少事来激励那些对学校学习没什么兴趣的学生？	①	②	③	④	⑤	⑥	⑦	⑧ ⑨
3. 你能做多少事来让捣乱或吵闹的学生安静下来？	①	②	③	④	⑤	⑥	⑦	⑧ ⑨
4. 你能做多少事来帮助你的学生重视学习？	①	②	③	④	⑤	⑥	⑦	⑧ ⑨
5. 你能在多大程度上为学生设计出好的问题？	①	②	③	④	⑤	⑥	⑦	⑧ ⑨
6. 你能做多少事来让学生遵守课堂规则？	①	②	③	④	⑤	⑥	⑦	⑧ ⑨
7. 你能做多少事来让学生相信他们可以在学业上做得很好？	①	②	③	④	⑤	⑥	⑦	⑧ ⑨
8. 在为每个学生小组建立一个课堂管理系统这件事上你能做到多好？	①	②	③	④	⑤	⑥	⑦	⑧ ⑨
9. 你能在多大程度上使用各类评估策略？	①	②	③	④	⑤	⑥	⑦	⑧ ⑨
10. 当学生感到困惑时，你能在多大程度上提供另外一种解释或例子？	①	②	③	④	⑤	⑥	⑦	⑧ ⑨
11. 你能做多少事来协助家庭帮孩子在学校取得好成绩？	①	②	③	④	⑤	⑥	⑦	⑧ ⑨
12. 在你的课堂上，你能在实施替代性教学策略这件事上做到多好？	①	②	③	④	⑤	⑥	⑦	⑧ ⑨

来源：Tschannen-Moran & Hoy（n.d.）。

现在，用下面的方法来求出你的平均分值：

教师效能感量表的总平均值 （将所有你圈出来的数值相加并除以 12）	
学生参与的效能 （将第 2、4、7、11 题的数值相加，然后除以 4）	
教学策略的效能 （将第 5、9、10、12 题的数值相加，然后除以 4）	
课堂管理的效能 （将第 1、3、6、8 题的数值相加，然后除以 4）	

我们在下面列出了平均值，便于你将自己最终得出的数值与全美的样本进行比较（请记住，这些是疫情暴发前的数字）。

- 总平均值 = 7.1
- 学生参与的效能 = 7.2
- 教学策略的效能 = 7.3
- 课堂管理的效能 = 6.7

现在，请花点儿时间分析你的效能：

我最擅长的领域是什么？	＿＿＿＿学生参与的效能 ＿＿＿＿教学策略的效能 ＿＿＿＿课堂管理的效能
我最想关注哪方面？	＿＿＿＿学生参与的效能 ＿＿＿＿教学策略的效能 ＿＿＿＿课堂管理的效能
我有什么计划来提高我在这方面的效能？	

戴维·洛登（David Lorden）指出了几个与强效能感相关的因素（如下表所示）。想一想你可以采取哪些行动来建立或重建你的效能。

因素	态度	行动
困难的任务	将任务视为需要掌握的挑战，认为这些任务非常有趣，全神贯注于完成任务。	
目标	设定具有挑战性的目标，并坚定地致力于实现这些目标。	
坚持和努力	努力完成任务，尽最大努力，面对失败不言放弃。	
失败和挫折	将失败归因于不够努力，或缺乏知识或技能；迅速从挫折中恢复过来。	
愿景	积极向上，明白努力会带来改变。	

实例

寒假终于来了，特里沙·莫吉亚（Trisha Morgia）忙着为后半学年做个人反思和目标设定。一直以来，教室里早上的那段时间令她颇为沮丧。她经常在上课前使用复印机，但复印机很容易卡纸，这往往使她的进度滞后于原定计划。学生刚一到校，她就觉得自己要不断地提醒他们收好背包里的用品，唠叨着让他们开始早上的学习任务，还要处理好自己在学生进入教室之前就已经被琐事点燃的不良情绪。这让她在学校的第一个小时还没有结束时就已经感到焦头烂额，疲惫不堪。

她找出了早上遇到的三个主要挑战：

1. 当复印机扯后腿时,她会感到压力很大。
2. 学生来到教室的时候,并不知道自己是否已经完成了课前必须做的事情,他们不知道如何做到让一切井井有条。
3. 她不得不频繁督促学生完成早晨的任务,以至于她没有足够的时间来完全支持那些在早晨有情绪需求的学生,所以她经常是被动而不是主动的。

然后她设定了相关目标来帮助自己应对挑战。

她的第一个目标是在放学后完成第二天的所有复印工作,这样她就不必在早上用复印机了。她决定将空出的时间用于在教室里做呼吸练习或引导冥想,准备迎接一天的工作。

她的第二个目标是教学生使用晨间检查表,表上列出了他们每天早上应该完成的所有项目。她希望这能帮助他们培养独立性和责任感。

她的第三个目标是在课堂上使用情感温度图表,让学生一进教室就在表中标识出自己的情感状态。她打算利用这一点主动出击,在早上的工作时间,与那些标识出自己有某些情绪的学生进行情感交流。制定好这些新目标和计划后,她已迫不及待地想在一月份回到课堂上。

你认为莫吉亚女士的目标怎样帮助她解决了课堂上的挑战?你会制定不同的目标吗?如果会,那将是什么?

帮助学生提高效能

正如我们在本模块的"情境描述"部分指出的,效能要求我们朝着预期的结果努力。因此,学生的出发点是设定目标。记住,当学生理解了目标并为此全力以赴时,他们会学到更多。学生的目标可能涉及学业和社会情感两个方面。我们提出了三个问题帮助学生明确学习的相关内容,这是培养学生效能的起点。对每节课,学生都应该能够回答这些问题:

> 当学生理解了目标并为此全力以赴时,他们会学到更多。

- 我今天将要学的是什么?
- 我为什么要学这个?
- 我怎么知道我已经学会了?

第一个问题聚焦于课堂的学习目标。例如,我将要学习植物的生命周期,或者我将要学习如何积极地倾听伙伴的意见。如果想要提升学生的效能,教师就要确保与学生讨论这些问题,且学生能够理解它们。如果学生说"我不想学习植物"或"我做不到"时,他们的效能就会受到考验。

第二个问题关注的是学习的相关性。当学生理解他们所学知识的重要性或有用性时,他们更有可能自律。当他们看到学习的内容与实际生活相关时,他们可能更有动力去学习。如果我们未能向学生解释学习的相关性,他们可能就不会去调动资源、全神贯注于学习。同样,这会降低学生的效能。

最后一个问题关注的是怎样才算学会了,或者说成功的学习是什么样的。作为教师,你知道学生是否学会了是很重要的,但学生明白自己是否学会了更重要,这是他们的效能得以建立的基础。在培养学生的效能方面，这可能是最重要的。学生明白了成功是什么样的，就更有可能为实现目标而努力。想一想你自己的经历。如果你有一个任务要做，却不知道任务成功的标准是什么，你该如何应对？你是否不太可能全身心地投入这项任务？是否更有可能在遇到困难时放弃？这对学生来说也是如此。当他们不确定做到什么程度才算成功时，恐惧就会悄悄溜进课堂，学生就会担心老师对自己的评判。

这三个问题我们怎么强调都不为过。如果学生不知道他们将要学的是什么，为什么要学这些内容，或者不知道成功是什么样的，他们想要聚集资源和付出努力的意愿就会降低。如果学生总是达不到预期结果，他们的效能就会受损，并开始认定自己注定会失败。

换种方式想象一下，在学生共同构建了成功标准的课堂上，教师可以分享预期的学习目标，然后吸引学生参与讨论：为什么这些学习目标很重要？如何知道自己已经学会了？我们并不是说教师每节课都要告诉学生这三个问题的答案，而是说通过讨论这些问题，许多方法都可以培养学生的效能。

举个例子，幼儿园的一个班级正在阅读《敌人的馅饼》（*Enemy Pie*）一书。当被问及原因时，乔丹说："我们正在学习怎么友善待人，还有友善待人是什么意思。"当被问到为什么学习这些时，乔丹回答说："我们在操场上玩儿时经常会起冲突，我们需要学习如何友善待人，这样我们才能一直做朋友。"

当问及他们如何知道自己学没学会时，乔丹回答说："我睡醒的时候没有感觉生任何人的气，我就知道自己学会了。"

有趣的是，班上没有其他学生对这个问题给予了同样的回答，但是在判断自己是否学会了更友善地对待同伴这方面，他们都有自己的方法。

个人笔记

思考接下来的课。你想让学生学习什么?为什么?你怎么知道他们已经学会了?你将如何和学生沟通这些信息?

我想让学生学习什么?	
这和他们有什么关系或为什么对他们来说是重要的?	
他们怎么知道自己学会了?	
我将如何与学生沟通这些信息?	

建立自信

对学生来说,保持"恰到好处"的自信水平是很重要的。低水平的自信会损害学生的效能,因为学生不会为之付出努力,因此也不太可能看到学习的结果。当学生过于自信时,他们则不太可能专注于学习,因为他们认为自己已经学到了需要知道的东西。

在以下情境下,自信可以得到加强。

- 当可靠、可信的人(如教师、父母、同伴)把成功归功于学生时。
- 当学生看到另一个人完成了任务,并认为自己也有同样的能力时。
- 当学生在体验学习和掌握学习的过程中感到兴奋和满足时。
- 当学生实现了有挑战性的期望时(如果实现的是不具有挑战性的

期望，自信增强的程度会相对较小）。
- 当他人的社会劝说帮助学生掌握了知识时。
- 当从失败和错误中学习被认为是"正常的"，且其他人也能够通过成功或失败来掌握学习内容时。（Hattie et al., 2021）

在表 5.3 中，你可以快速回顾一些建立自信的方法。请注意，其中几个方法已经在本模块或其他模块中出现过了。我们在这里列出来，是为了便于你找到与学生建立自信有关的信息。

表 5.3　建立学生自信的方法

方法	解释说明
共同设定目标	建立学生自信的最有效方法之一是确保每个人都能就学习目标达成一致。明确学习目标和成功标准是有价值的。为了建立自信，学生和教师都需要了解学习目标并达成共识。
鼓励自我评估	通过鼓励学生自主学习，为学生提供促进学习的机会，是朝着建立学生自信迈出的一大步。当学生学会自我评估时，教师的作用就变成了验证和挑战，而不是判定学生是否学会了。当我们这样做时，学生的理解力、自主性、学习热情，当然还有自信都会提升。
提供有用的反馈	反馈应该让人对自己现在的情况心满意足，并对未来跃跃欲试。这正是我们在课堂上持续为学习者建立自信时应当培养的心态。
清空大脑	如果学生觉得自己学得比想象中吃力，他们就会失去信心。每隔一段时间，我们就得让学习者回顾和公开讨论，"倒出"学到的所有知识，通过这样的方法让他们知道自己已经取得了多少成就。
表明努力是正常的	让学生认为自己是班上唯一不理解的人，没有什么比这更能扼杀自信了。请关注每个人付出的努力。在这种情况下，建立学生自信的一个好方法是，让学习遇到困难的学生与其他已经掌握这个要点的学生结对，让同伴为他讲解。
庆祝成功	学习上的任何一种成功，无论大小，都值得被承认和庆祝。尽管这样做可能只对部分学生更有意义，但它仍然是建立学生自信的一个好方法。

来源：改编自 Crockett（2019）。

寻求帮助

寻求帮助是学习中的一项重要技能，被认为是学习中自我调节的一个范例。一方面，学生要拥有寻求帮助的能力，首先需要认识到自己已经陷入僵局。例如，一个一直在研究一道复杂数学问题的学生意识到，自己虽然已经尝试了所有能想到的方法，但仍被难住了。寻求帮助的另一个方面是社会环境。在上面的例子中，解数学题的这个学生会考虑自己所处的社会环境，判断寻求他人帮助在心理上是否安全。如果学生认为寻求帮助会威胁到他的社会地位（例如，"我的同学会认为我很笨"）或他在成人面前的声誉（例如，"我的老师会认为我很笨"），那么他可能选择单干或放弃。学生的目标也可能影响他是否寻求帮助。周志岳和张均合（Chou & Chang, 2021）将寻求帮助者分为以下三类：

- **战略型求助者**为学习而寻求帮助，因为他们的目标主要是以掌握知识为导向（"我需要帮助而且我想学会这个"）。
- **执行型求助者**是为了完成任务而寻求帮助，因为他们的目标主要以成绩为导向（"我需要帮助，因为我想取得比同学更好的成绩"）。
- **逃避型求助者**将求助视为一种威胁和失败的标志（"我不想让别人认为我做不到"）。

> 寻求帮助往往与更高的成就水平有关，但也受到刻板印象威胁的消极影响。

寻求帮助往往与更高的成就水平有关（Ryan et al., 2005），但也受到刻板印象威胁的消极影响。一份对非裔美国学生寻求学业帮助现象的报告发现，如果他们认为不容易得到帮助，或者寻求帮助对他们有负面影响，他们就会更经常地求助于同伴而不是教师，且更有可能隐藏他们对帮助的需求（Davis-Bowman, 2021）。

所有学生在从入学接受教育到最终走出校园的过程中，以学习为目的的求助都在减少。瑞安和希恩（Ryan & Shin, 2011）发现，随着学生年龄的增长，他们会更多地向同伴寻求帮助，但大多数情况下是不得不做，而不是为了学习，比如抄同学的答案。他们还发现，即使是这种求助行为也会受到社会因素的影响。在他们的研究中，六年级学生会考量社会环境，尤其是他们在同伴中的地位。这些学生报告说，向比他们更受欢迎的同学或成绩优异的同学寻求帮助的社交风险太大。

个人笔记

请你思考能在课堂上创造求助文化的方法，尤其是一种专注于学习而不是成绩的求助文化。使用下面两张表写出几个你目前正在使用的方法，以及可用来养成求助习惯的技巧。

鼓励同伴之间互相帮助	
在课堂上使用同伴指导的方法。	
为学生提供时间，让他们互相检查技能或概念的掌握程度。	
创建学生学习小组和"学习伙伴"。	

鼓励学生向你求助	
示范你在生活中如何寻求帮助。	
在整节课上经常暂停并邀请大家提问。	
明确学生可以求助的资源（教师、同学、教科书、在线资源）。	
反复强调在学习中寻求帮助是有价值的。	
注意能够体现学生需要帮助的非言语迹象（面部表情、肢体语言）。	
谨慎而主动地提供帮助（例如，"我能帮你什么忙吗？我有时间"）。	

学习坑

"学习坑"这一概念由诺丁汉（Nottingham，2007）提出。他认为，学生需要挑战，需要有克服挑战的经验。诺丁汉提出的学习挑战模型分为以下四个阶段：

- **概念**：学生熟悉但尚未掌握的内容。
- **冲突**：一种有意的认知冲突，使学生能在克服困难时有所收获。
- **构建**：学生使用各种技能、工具和办法克服挑战。通常情况下，这包括与他人合作寻找新的解决方法。
- **反思**：学生反思学习历程并考虑用新方法来使用获得的信息。

为了提高效能，学生需要有价值的目标，还需要认识到自身对求助的需求并掌握求助的技能，这两点我们已经讨论过。但学生要想努力完成一项学习任务，还需要培养更顽强的毅力。教师明确地、有意识地告诉学生，学习是需要克服艰难险阻的，不可避免会经常落入学习坑，就是在允许学生多方尝试、决不放弃。换句话说，课堂上需要建立一种规范，这种规范需要清楚地说明犯错是意料之中的，也是值得庆祝的。图 5.2 是一张受诺丁汉启发而绘制的学习坑图。

> 学生需要认识到自身对求助的需求，并掌握求助的技能。

我们认为在这个坑的底部，学生学习的效能会受到考验。当学生不确定该如何完成学习目标时，他们可能会退缩，认为完成挑战太难或不可能实现。当这种情况发生时，他们的效能就会遭受考验并很有可能受到损害。当他们开始想办法并开始从坑里往外爬时，他们的效能就会得到发展和提升。当学生定期经历适当的挣扎和随之而来的成功后，他们会变得越来越有效能。而且有证据表明，一个领域的效能可以迁移到其他领域（Massar & Malmberg，2017）。

> 有证据表明，一个领域的效能可以迁移到其他领域。

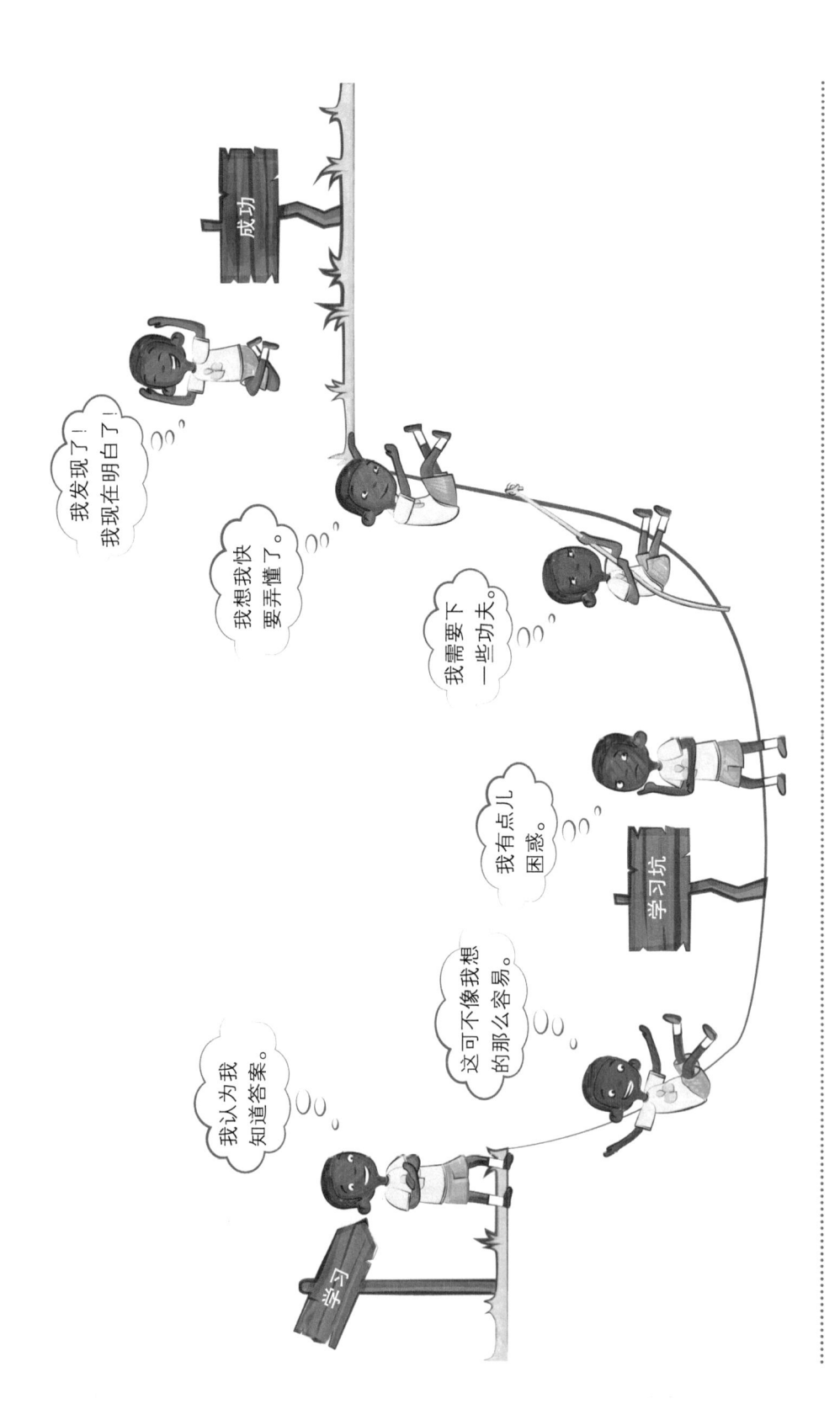

图 5.2 学习坑

来源：Nottingham（2017）。

📝 **个人笔记**

学习坑是培养学生效能的一种方式。你如何确保学生知晓,在课堂上教师重视迎难而上、有所收获,并且鼓励犯错?

在鼓励奋斗和重视错误方面,你有什么想法和计划?

自我评估

正如我们前面指出的，自我评估可以建立学生的自信。不仅如此，自我评估还能让学生建立起自我效能。效能来源于实证，而学生获得的一些实证往往来自成人和同伴。但是，让学生学会自我评估和监测自己的学习进程是非常有用的。学生能更清楚和直接地看到他们的努力带来的影响，他们自身才是学习成果的决定性因素。

> 让学生学会自我评估和监测自己的学习进程是非常有用的。

自我评估是元认知的过程，学生据此检查他们的工作或能力（Brown & Harris, 2014）。布朗和哈里斯称它为培养学生必要的自我调节技能，以加速学生学习的"核心能力"（p.27）。让学生主动判断自己是否学会了，以及如何调整策略部署来管理自己的学习，可以培养他们的自我调节能力。事实上，自我调节的能力离不开自我评估（Zimmerman & Moylan, 2009）。

帕纳德罗等人（Panadero et al., 2017）就自我评估对自我调节和自我效能的影响进行了四项元分析研究。他们报告说，在其中三项元分析中，学业上的自我评估对自我调节的影响程度为小到中等效应量（d=0.23 至 0.65）。有关自我效能的第四项元分析发现的影响甚至更强，d=0.73。换句话说，自我评估是自我效能的基石。

举个例子，单点量规（single-point rubrics）可以用于自我评估。由"教育学崇拜"播客（Cult of Pedagogy）推广的单点量规包含一系列的学习表现或学习期望（Gonzalez, 2014）。与分析性量规不同，单点量规只描述熟练程度的标准，而不给出所有学生可能未达成目标或超出预期的方式。最初，由于单点量规没有那么多文字，更容易理解，教育工作者只使用它为学生提供反馈。在疫情教学期间，教育工作者意识到，学生可以利用它来找出他们在哪些方面需要额外学习，以及在哪些方面达到或超过了预期。当然，学生必须理解评估工具使用的语言，才能用它来监测学习进程和评估他们的学习。

例如，教师要求四年级学生复述读过的内容，同时录制复述的过程，并提交视频。教师为学生分发了以下单点量规。请注意，教师要求学生指出他们的进步点和闪光点。

	进步点	成功标准	闪光点
主要观点		我能阐述主要观点。 我能举例解释这些观点。	
支持性细节		我找出的细节能与主要观点相关联。	
顺序		我复述的信息在顺序上与原作者相同。	
准确性		我使用了准确的事实。	

班上的学生马德琳录制了她对《亨利的自由之箱》(*Henry's Freedom Box*)这一绘本的复述视频。在听完自己的复述后，马德琳完成了自我评估，记录了自己在主要观点、支持性细节以及准确性方面的闪光点，同时她也注意到自己在其他方面可以进步的地方。她给自己写了一个有关细节方面的批注，指出自己当时应该提供更多具体细节。她还指出自己没有按照顺序来叙述一些事件，但她想知道这是否真的重要。老师检查了她的自我评估，认可了她的闪光点，还与她约定好了时间来讨论故事复述的顺序问题。

在与老师的讨论中，马德琳说："我虽然没有按顺序讲完整个故事，但我觉得我讲得还不错。难道一定需要按照书中的顺序复述吗？"

老师指出，如果你有很好的理由，特别是当你确定了一个主题时，不按顺序描述事件是可以的。正如老师所说："如果你专注于某一主题，那么你可以选出书中支持该主题的不同部分来探讨，我们下周会学到这方面的内容。"

个人笔记

自我评估是教师可以用来培养学生效能的有力工具。通过一系列的学习，学生可以学会如何进行自我评估。请你思考以下三种让学生学会评估自己学习的方式，并制订使用它们的计划（Minero，2016）。

话题	定义	我如何使用
观察成功掌握的范例	要想了解教师期望学生学到什么，或者成功是什么样子，学生需要榜样和范例。	
学习词汇	为了能够评估学习过程和知识掌握情况，学生需要使用正确的术语；他们使用的词汇代表了他们掌握的概念。	
练习同伴批判性互评	向同伴提供反馈能让学生分析更多的案例，并逐渐习惯于接受反馈，能够在辨别自己的表现水平方面做到游刃有余。	

实例

雷内·哈姆（René Hamm）注意到他美国历史课上的学生似乎对他们的日常学习感到厌烦，比如听讲、做笔记、讨论以及阅读课文和原始资料。于是他决定在教学中提供更多合作和小组讨论的机会，但他知道，尽管他教的是十一年级，他也必须确保这些学生了解如何在课堂上适当和有效地互动，特别是在学生第一次接触教学内容的情况下。

在"大萧条"这一单元开始的时候，他决定用一节课的时间来解释学生在这个单元里会遇到的新的项目类型，并与学生一起制定行为规范和学习目标。学生对课堂上的改变感到非常兴奋，并渴望分享关于制定目标的想法，这些目标将使他们在学习和行为上都更有责任感。此外，学生决定在每周结束时使用李克特量表（Likert Scale）[①]对每个目标的达成情况进行自我评估。学生的反应令哈姆先生欢欣鼓舞，他和学生一样急切地想开始这个单元的教学。

在整个单元的教学过程中，有一些课进展较顺利，而有一些课则颇为曲折，但总体而言，学生每周都在努力完成学习目标。偶尔，哈姆先生不得不与学生一起调整目标，如增加一些目标或将现有目标定得更具体。在这个单元的学习结束时，由于学生有了新的学习机会以及担负起了设定目标并努力完成的责任，他们获得了更大的成就感，也对学习内容有了更深的理解。哈姆先生也同意在下一单元继续采用这种教学方式。

> 让学生参与制定自己的学习目标和行为目标，是如何帮助他们发展个体效能和集体效能的？

---

① 李克特量表是一种心理反应量表，在调查研究中被广泛使用。该量表由一组陈述组成，受试者需要指出他们对各项陈述的认同程度，并据此加总得到态度总分。——译者注

依靠学校提高集体效能

到目前为止，我们主要关注的是自我效能，但班杜拉进一步拓展了自我效能的内涵，指出集体效能也会对学习产生影响。他提出了集体效能的概念，将其定义为"一个群体对其组织和实施一系列行动方案以实现特定成就的联合能力所持的共同信念"（Bandura，1997，p.447）。这个定义听起来晦涩难懂，所以我们将它分解开来解释。它说的是一群人，这群人相信整个团队的能力，并且会竭尽所能去实现他们的目标。集体效能在教育领域已经得到了相当广泛的研究，并且有强有力的证据表明集体效能会影响学生的学习（Ells，2011）。

此外，正如霍伊等人（Hoy et al.，2002）指出的，个体效能和集体效能之间存在着一种互惠关系。一方变强时，另一方也会变强。强大的集体效能似乎可以鼓励个体教师更有效地利用已有技能，也能让团队的运作更高效。就教育工作者而言，教师的集体效能超级强大，其效应量为1.36，这意味着它有可能显著地加速学习。

模块6将进一步讨论"集体责任"（collective responsibility），它是让集体效能茁壮成长的基础。如果一个教师群体不相信自己的责任是推动学习，学生的成就就会受到伤害。在那些对学业成功和失败负有高度集体责任的学校中，学生会茁壮成长。然而集体责任虽然重要，但只有它也是远远不够的。没有行动，集体责任就会退化成集体内疚。集体效能需要目标明确、结果导向的行动。请记住：教师集体效能的效应量为1.36，是社会经济地位（效应量为0.52）对学生成绩影响的近三倍。享有高度集体效能的团队能为自己设定目标，追求目标，衡量进展，根据需要做出改变，并评估影响。当高效能的团队在学校中大量涌现时，整个学校组织就会变得卓有成效。

在我们看来，集体效能要想发挥作用有两个关键点。首先，教育工

> 集体效能需要目标明确、结果导向的行动。

作者团队要有能够判定学生需要学习什么的体系，有能确保学习发生并衡量学习影响的具体计划，有在学生没有按预期计划学习时进行调整的能力。其次，这个团队要相信学生能够学会，相信他们有能力（技能、知识、信念）确保学生学习。正如班杜拉（2000）指出的，"除非人们相信他们的行动可以达到预期的效果，预先阻止不想要的效果，否则他们就没有动力去采取行动"（p.75）。"掌握经验"是建立集体效能最有力的方法之一（Bandura，1986）。当教师共同采取促进学生学习的行动和策略时，他们就可以确定自己的优势和劣势在哪里，这是最有力的效能信息来源之一（Tschannen-Moran et al.，1998）。当教育工作者体验到成功和成就时，他们开始将这些成功归因于自己的行动，而不是外部力量。

为了促进掌握经验，我们研发了一个集体效能学习环（见图5.3）。我们的模型始于共同的挑战。这里的关键词是"共同"，意味着整个团队对这个挑战达成了共识，同时也意味着团队的成员有机会讨论这个挑战。学校领导不应该只是坐在办公室里分析数据并向教师发布目标。相

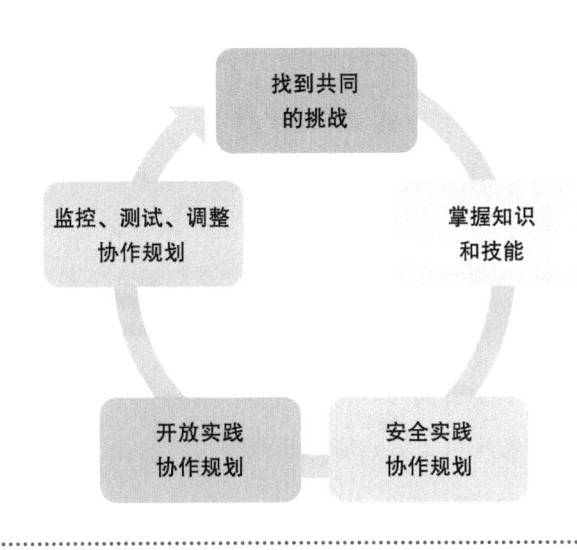

图 5.3 集体效能学习环

来源：Fisher et al.（2020）。

反，团队需要处理数据，找到能带给他们挑战的目标。有证据表明，拥有强烈集体效能感的团队会为自己设定更高的目标（Goddard et al., 2004）。

> 拥有强烈集体效能感的团队会为自己设定更高的目标。

作为集体效能学习环的一部分，团队成员需要找到共同的挑战和他们希望看到的结果。从这里开始，团队便踏上了学习之旅。高效能的团队知道他们还有很多东西要学习，始终以开放的态度面对各种学习机会。有时，他们会阅读书籍、文章或浏览网站。有时，他们会参加研讨会或工作坊。形式不那么重要，重要的是行动和结果，以及形成这样的意识：作为团队的成员，他们是可以一起学习的。

在学习过程中，团队成员会参与我们所说的"安全实践"。他们可以尝试各种想法，检验其可行性；他们有机会体验失败，进而从错误中学习。在这个阶段，领导们要认真倾听，与教师一起讨论，而不是简单地观察他们并给予批评意见。这样一来，教师有机会尝试新的方法，而不必担心因他人观课而感到焦虑。

自然而然地，他们会走向"开放实践"。集体效能强的团队不会简单地复制同伴的策略，而会找出自己的策略与同伴的策略之间的细微差别，加深自己的理解。这个阶段也鼓励"替代性经验"（vicarious experiences），也就是教师通过观察对方的课堂来学习，并注意到教学对学生学习的影响。替代性经验是建立集体效能的另一种方式（Bandura, 1986）。在安全实践期间，同伴之间相互学习可以建立团队的信念系统，使成员相信他们能完成任务。

当教学实践变得更加公开时，示范的影响就会不断扩大。做出示范和社会劝说在创造和维持集体效能方面也很有价值，即使它们的影响没有掌握经验那么强大（Bandura, 1986）。

也许最重要的是，高效能的团队会监控、测试和调整自身的学习进展。他们追踪成功，记录成功经验带来的影响，利用这些信息帮助整个团队继续努力。这样一来，团队开始看到，影响源于自身努力，而非外部因素。这并不是说高效能团队所做的一切都能在第一次尝试时就成功，而是说他们能够监控、测试并调整自身的努力，以解决共同的挑战。而且，他们将成功归因于努力，并在下次循环开始时设定新的目标。

个人笔记

集体效能学习环要想发挥作用，需要预先计划。为了凝聚团队的集体力量，你可以制定一个10周的循环周期，在这个周期中你需要设定一个目标。这个目标应是有价值的和有挑战性的，同时也应是能够实现的。请记住，建立集体效能需要好几个循环，在每次成功完成后要提高对团队发展的期望。在此基础上，你需要指出即将学习的新内容。完成它要用多少周的时间？你还需要为安全实践和开放实践留出时间，然后明确你在未来需要搜集的数据，用来检测影响力。请不要忘记计划一个庆祝活动，再去确定下一个目标。

目标教学领域：＿＿＿＿＿＿＿＿＿＿＿＿＿＿＿＿＿＿＿＿＿＿＿＿＿＿＿

共同的挑战：

循环的日期跨度	输入 教师需要学习的新内容。	安全实践 教师在低风险的环境中测试新的教学实践。	开放实践 教师相互观课,并进行结构化的反思或反馈。	监控、测试、调整 收集有关影响的信息,进行修改、庆祝,并建立新的目标。
第 1 周				
第 2 周				
第 3 周				
第 4 周				
第 5 周				
第 6 周				
第 7 周				
第 8 周				
第 9 周				
第 10 周				

来源:改编自 Chula Vista Elementary School District(2018)。

实 例

德洛蕾丝·布莱克本（Delores Blackburn）是松木小学（Pinewood Elementary School）的校长。在过去的三年里，该校的数学和读写水平都低于州平均水平，所以学校的教育改进计划将这两个领域作为特别关注的重点。在过去的两年里，学校强调高质量的读写教学，老师们努力将小组教学、词汇教学、字词教学以及一系列的阅读材料结合起来。他们甚至获得了一笔经费，让学生可以带书回家，打造他们的家庭图书馆。

年终考核的结果公布了，布莱克本女士兴奋地看到学生平均读写成绩的巨大提高。从结果中可以看出师生都很努力。不幸的是，数学的平均分比前一年更低。布莱克本女士虽然决心在全校范围帮助老师改善数学教学，但他们并没有非常投入，于是她开始构想对下一学年数学教学的期望。

在暑假前的最后一次教研会议上，教职工举办了一场聚会，庆祝学校学生读写成绩的提高。每个人都感到非常开心。布莱克本女士希望老师们在下一年能够继续保持这种势头，于是宣布了自己对数学教学的新期望，并鼓励大家在暑假期间思考如何实现这些目标。虽然这不是她的本意，但老师们在离开时都感到泄气、困惑且毫无头绪。

> 布莱克本女士可以用哪些不同的方式来处理这种情况，以帮助老师们建立个体效能和集体效能？

自我评估

自我效能和集体效能的持续发展要求我们定期回顾自己的目标。请回顾本模块中的主要概念和实践，使用红绿灯量表确定你在每项实践中的位置。

实践清单：个体效能和集体效能

请使用下面的红绿灯量表，反思目前你在自身、学生和学校层面，有哪些做法与效能相关。你想加强哪些方面？

自身层面的机会	
	●红　　●黄　　●绿
作为一名教育工作者，我能够检测自己的效能感。	
作为一名教育工作者，我能够识别自己的优势领域，以及需要提高效能的地方。	
学生层面的机会	
	●红　　●黄　　●绿
我在教学中坚持明晰性原则来培养学生的效能。	
我使用一些技巧来培养学生"恰到好处"的自信水平。	
我致力于培养学生向我和同伴寻求有效帮助的行为。	
我使用一些技巧来培养学生的毅力。	
我班上的学生能定期进行自我评估，以衡量他们实现目标的进展。	

续表

学校层面的途径			
	● 红	● 黄	● 绿
在学校，我为团队的集体效能做出了贡献。			
我们利用探究循环来推动团队的工作。			

思考题

- 要将"红灯"变成"黄灯"，我该怎么做？

- 要将"黄灯"变成"绿灯"，谁会给予我支持？

- 如何利用"绿灯"，为集体谋福利？

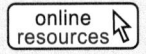

获取本模块的资源、工具和指南，请访问：
resources.corwin.com/theselplaybook

模块 6

培育关爱型社区

情境描述

幸福是社会情感学习的一个重要部分，是人类不能缺少的。字典将幸福定义为"一种舒适、健康或快乐的状态"。这是培养社会情感学习的一个良好开端，但似乎幸福的内涵并不局限于此。你和你的学生可能会问自己这样的问题："在生活和工作两方面，我对自己的人生是否满意？"作为教育工作者，也许我们应该开始注重生活和工作之间的平衡，而不是总把工作放在第一位。

幸福还包括一种目的感。当我们被需要时，当我们有任务要完成时，当我们看到努力有回报时，我们的整体幸福感会变强。而当一切处于自己的掌控之中时，我们的幸福感就会更强。但这并不意味着我们必须自己做出所有的决定。事实上，有些决定是别人为我们做的。但当我们知道自己对生活的某些方面有控制权时，我们的感受会更好。新经济基金会（New Economics Foundation，2012）将幸福定义如下：

> 幸福可以被理解为人们在个人层面和社会层面上如何感受，如何行事，以及如何从整体上评价自己的生活。

大多数人都认同这是一种理想的状态，且我们努力在自己的生活以及学生和同事的生活中找寻幸福。这种追求被认为是"关心自己"，而且我们认为应该鼓励人们关心自己。事实上，有些人关心自己甚至需要征得别人的同意，因为他们已经被社会的普遍观念同化，认为关心自己是自私的。正如我们将探讨的那样，世上有很多事是人类可以选择去做的，而这些事可以改善他们的整体健康和幸福。

但我们也在此提出警告，教育工作者很忙，有些人指出他们没有时间关心自己，于是他们感到内疚，这种内疚增加了他们的压力，降低了他们的整体幸福感。有些人甚至因为没有照顾好自己而受到指责。当他们没能好好锻炼、睡不好觉或出现其他类似情况时，他们作为受害者反而遭到了指责。随着时间的推移，当我们的幸福受到损害时，我们会感到筋疲力尽，不得不辞去工作来保护自己。一位教育工作者告诉我们，她每天都有自杀的念头，因为她在工作中感受不到自己的价值，辞职是为了保护自己。但她的一些同事却说，她应该更好地关心自己。

正如多克雷（Dockray，2019）所指出的，仅有自我关心是不够的。俗语说："如果你想让自己感觉更好，你需要自食其力，为了自己。"现在，我们需要更新这句老话，因为我们的茁壮成长也离不开社区关爱。娜基塔·瓦莱里奥（Nakita Valerio）建议我们投身社区关爱，她在"全球之声"在线博客平台（Mashable）上将其定义为："人们利用他们的特权，致力于用各种方式相互帮助。"她把社区关爱比作家庭的延伸，在这个大家庭中，每个人都能经常对彼此给予善意和同情。

> 仅有自我关心是不够的，我们的茁壮成长也离不开社区关爱。

这就是为什么我们把最后这个模块命名为"关爱型社区"。我们需要关心他人，我们对同事负有道德上的责任。有些人会争辩说，自己的工作和事务已经忙不过来，哪有时间去关心别人。但如果每个人都能为他人的幸福做出一点儿贡献，我们的生活就会变得更好，工作也会更顺利。请记住，建立一个关爱型社区意味着其他人也在帮助你关心自己，尤其是在你遇到困难的时候。这是一种集体责任，且它有可能为我们自己、为我们的学生和学校提供保护。

作家凯瑟琳·森特（Katherine Center）被《书页》（*BookPage*）杂志称为"舒适读物女王"，她曾说："互相关心的我们是最棒的。"

这句话对你来说意味着什么？这对教育工作者有什么启示？对我们来说，这意味着我们为了关爱自己、关爱彼此、关爱社区而工作。这样做，不仅不会伤害我们的幸福，反而会让我们在为集体做贡献的同时受益。

在本模块中,我们将探讨如何:

- 关心自己。
- 向学生传授有关自我关心和幸福的知识。
- 在你的学校创建一个关爱型社区。

词汇自检

要求：想一想下表中的术语。

- 如果你第一次听说这个词，请在"第1级"一列里写上日期。
- 如果你以前听说过这个词，但不确定是否能用它来造句，或不知如何给它下定义，请在"第2级"一列里写上日期。
- 如果你对这个词非常熟悉，既能给它下定义，又能用它来造句，请在"第3级"一列里写上日期。

请在本模块的学习过程中和你的日常工作中，更新你对这些术语的理解。请注意，可在表格最后的空白处添加新术语。

词汇	第1级	第2级	第3级	例句	定义
体育活动 （Physical activity）					
情感健康 （Emotional well-being）					
元分析 （Meta-analysis）					
正念 （Mindfulness）					
学校氛围 （School climate）					

续表

词汇	第1级	第2级	第3级	例句	定义
沟通能力 （Communication competency）					
集体责任 （Collective responsibility）					

1级 = 这个我来说是个新词。
2级 = 我以前听说过这个词。
3级 = 我知道定义，并能用它来造句！

本模块与CASEL框架的联系：

自我意识	自我管理	社会意识	关系技能	尽责决策
• 正念	• 身体健康 • 情感健康	• 向遇到困难之人伸出援手 • 创伤敏感型设计 （Trauma-sensitive design）	• 学校氛围 • 沟通能力	• 集体责任

培育关爱型社区，从自己做起

人们常说，巧妇难为无米之炊。在社会和情感方面不够强大的人，不太可能有足够的能力为他人付出。在班级和学校里建立一个关爱型社区，要求其成员在身体和情感上都是健康的。更重要的是，当社区中某个成员的幸福受到损害时，他能利用内部工具或外部工具重拾幸福。

> 一个关爱型社区要求其成员能呵护他人的幸福。

正如我们所说，一个关爱型社区要求其成员能呵护他人的幸福。一个关爱型社区的出现并不是因为所有成员都只关注自己的幸福，而如果成员们都不关心自己的幸福，那么关爱型社区同样无法形成，因为关心自己是社区形成的基础。

致力于自身的情感健康

人们越来越发现，生理因素与社会因素和情感因素是相互影响的。身心相通（mind-body connection）指的就是我们的思想、情绪和性情可以积极或消极地影响身体健康。

消极的情绪可能是高血压、易感病和慢性疼痛的一个致病因素。巴塞尔·范德考克（Bessel van der Kolk）所著《身体从未忘记》（*The Body Keeps the Score*）一书自出版以来一直在畅销书排行榜上占据一席之地，这在很大程度上是因为它提出，身心相通机制虽然复杂，但我们能够通过有意识的行动积极地影响这种机制，从而改善我们的情感健康。

一个组织中个人的情感健康对于培育关爱型社区至关重要。世界卫生组织（World Health Organization，2004）指出，"没有心理健康就谈不上健康"，它称积极的心理健康是"个人和社区的幸福和有效运作的基础"（p.11）。在班级和学校层面上的关爱型社区致力于培养、维持和增强其成员的情感健康。

人们可以采取很多行动来维持和恢复情感健康。有的人发现写日记的宣泄效果很好，但有的人却可能觉得这是个苦差事。本书作者道格喜欢高温瑜伽，而南希则把它视为一种折磨。这其中的关键之处在于，你使用的方法要对你自己是有效的。我们决不能把自己当作心理健康专家，而应在必要时接受专业的咨询和医生监督下的药物治疗。说到这里，以下几个想法也许能帮助你设计自己的情感健康计划。

- **远离孤独**。关注能让你感到舒适和享受的社会关系，了解人际交往对保持你的情感健康是必要的。
- **每天为自己留出时间**。教育是一个以服务为导向的职业，它吸引着那些视自己为给予者而不是索取者的人。但我们需要维护自己的情感健康。留出时间来平静自己的心灵。每天抽出一些时间来冥想、阅读、反思或享受大自然并不是自私。
- **像照顾花园一样照顾你所在的社区**。通过为他人谋幸福来培育你的关爱型社区。后续我们将在本模块更详细地讨论这个想法。当我们表现出对他人的关爱时，我们也会提升自己。一封感谢信、一声真诚的赞美或一个减轻别人负担的举动都可以对你的情感健康产生积极的影响。

> 每天抽出一些时间来冥想、阅读、反思或享受大自然并不是自私。

- **定期检查自己的情绪**。情感健康不是静止的，它经常会受到我们在生活和工作中积极和消极处境的反复冲击。这也正是沃里克—爱丁堡心理健康量表（Warwick-Edinburgh Mental Well-Being Scale，简称 WEMWBS）的开发者邀请参与者考虑他们两周内情感健康的原因。该量表由 14 个项目的自我评估组成，可以在 https://bit.ly/WEMWBS_14 网站上找到，我们鼓励你定期使用它来监测你的情感变化。

向遇到困难之人伸出援手

虽说同事们正在面临的挑战也会令我们烦恼，但与他们谈论幸福可能让人感到尴尬。与个人生活相比，我们中的许多人对自身的职业生活持有一些刻板的观念，而且不愿意越过一个心照不宣的界限。在教授成人社会情感学习以及撰写相关资料时，我们得到的经验是，大多数教育工作者都想把讨论话题转回到学生身上，而不是坐下来讨论自己的感受。这是我们职业的一个特点——我们一直盯着学生。如果我们不把注意力扩大到同事身上，我们又会责怪他们单打独斗。

> 不要害怕你说的不完全正确，你展现出的关心已能向他人传递一个强有力的信息。

我们不期望你能突然成为一名治疗师，甚至立即开始为他人诊断。但是，如果你愿意和一位你认为正在纠结、困惑的同事展开沟通，你就为他们点燃了前行路上的一盏明灯。不要害怕你说的不完全正确，你展现出的关心已能向他人传递一个强有力的信息。预先在脑海中想好几句话或几个问题，可以帮助你开启对话。但也请记住，倾听的力量比谈论解决方案更重要。

> 尊重和尊严的一个基本方面是倾听和交流的能力。

尊重和尊严的一个基本方面是倾听和交流的能力。同样，许多学生都希望你听听他们说的话——他们希望你能听听他们是如何思考问题的，而不是让你匆忙地给出正确答案。他们知道正确答案的存在，但他们真正关心的却是为什么自己的思考没能引出正确答案——他们希望你听听他们是如何思考和处理问题的，再帮助他们找到正确答案。埃尔默（Elmer，2019）建议，在引导对话时，以下这些问题和表述会特别有帮助。

- 你想谈谈吗？我一直在这里，随时等你准备好。这比简单地询问"你还好吗"更直接，因为后者可能会使对方仅仅机械地回答：

"我很好。"

- **今天我能帮上什么忙吗？** 有时一起完成一项简单的任务可以为沟通建立安全的对话空间，比如，帮助同事组建班级图书馆。
- **你过得好吗？** 这个问题可以让你了解一个人的难处，而不需要他一一列举。
- **你不是一个人。** 我也许不能完全理解你的感受，但你并不是孤独的。这可以避免你将谈话的焦点转向自己以及你面临的挑战。当你向你认为需要支持的人伸出援手时，不要试图把他们面临的挑战与你面临的挑战相提并论。
- **这听起来真的很难。你是如何应对的？** 你的同事可能会说一些他们在工作中遇到的特别困难的事情。不要告诉他们你在类似的情况下做了什么，你需要的只是倾听。
- **我真的很抱歉你正在经历这些。如果你需要我，我就在这里。** 请保持沟通渠道的畅通。认为一次谈话就能帮对方解决一切问题是不现实的。复杂的创伤不可能以这种方式修复。重要的是让那个人知道，他拥有一个关爱他的关系网，而你是其中的一部分。

实例

七年级教师凯莱布·帕克特（Caleb Puckett）一直没有找到自己的状态。在一段长期的远程教学之后，他对能够回到线下与学生面对面交流感到异常激动。但是，回归的过程没他想象的容易。他的学生需要比他预期的更多的学习和情感支持，而且周期性袭来的新冠疫情，消磨了他最初与学生重聚的兴奋。因为防疫规定，学生经常缺席，受挫的学生也扰乱了上课秩序，现在他的课堂变得一片混乱。他的同事们也很疲惫，学校里弥漫着一种灰心丧气的氛围。

一连串事件带来的影响对帕克特先生产生了极大的伤害。他的睡眠很不稳定，每晚都会因担心他的学生而中途醒来，并渴望周末快点到来。"我以前从来没有这种感觉，但现在我只想让这周快点结束。"他经历的精神倦怠导致他与朋友打篮球的时间也不断减少，而打篮球是他从小就喜欢的运动。他说："我很难提起精神来面对我的朋友、家人和学校。"

想象一下，如果帕克特先生是你的同事，你会给他什么建议？

帮助学生培育关爱型社区

学生是学校教育的中心,且对关爱型社区的发展至关重要。与学校社区的所有成员一样,他们既享受他人的关爱,也关爱他人。身体健康和情感健康对成人至关重要,对年轻人也是如此。

致力于学生的身体健康

学生承受着各种各样的压力,这些压力会危害他们的学习能力。事实上,我们整本书都建立在这样一个假设之上:学生的社会情感学习与他们的学业成就和心理健康直接相关。2020年春天,当教育工作者在不得不转向远程教育时,我们中的许多人再次目睹了疫情对学生造成的影响。杜克大学的灵活教学中心(Flexible Teaching Center)秉持以学习者为中心的原则,并致力于以多种方式开展教学——面对面教学、在线教学或混合教学,它提醒教师注意,支持学生身心健康有四个要点(Duke University,2022,p.4)。作为教育工作者,我们必须:

> 学生承受着各种各样的压力,这些压力会危害他们的学习能力。

1. 首要的是,认识到每个学生都拥有自己的身体。
2. 明白在这样特殊的时刻,他们的身体承受着难以想象的巨大压力。
3. 理解学生在身受重压下,学习方式会改变,学习效果会变差,学习进程会放缓。
4. 在设计我们的课程、作业和评估时,要考虑到以上情况。

※ 了解身体健康和学习之间的联系

学生的身体健康和学科学习之间有着密切的联系。由约翰·哈蒂开发的可见的学习数据库包含了大量关于身体健康受损对学科学习有害影响的研究，这些影响往往是相当大的。其中排在首位的是慢性疾病，如糖尿病、哮喘和镰状细胞贫血。一共涉及121100名学生的1000多项定量研究的分析结果显示，慢性疾病的效应量为-0.44，这意味着发生学习倒退的可能性很大（请记住，在322种学生学习的影响因素中，只有不到5%属于此类有害影响）。类似地，一项关于高糖饮食对学习影响的元分析报告指出，高糖饮食的效应量为-0.16。第三个消极影响因素是睡眠不足，涉及睡眠时间和睡眠质量，其效应量为-0.02。

※ 促进身体健康

锻炼，作为一种保护性因素和解决上述问题的方法，其效应量为0.20，这意味着它可能对学生的学习产生一定的积极影响（更不用说它对整体健康的积极影响）。许多研究聚焦于体育课的干预，因为很多体育活动都是在体育课上进行的。但有一项元分析研究（定量研究）特别关注体育活动（Bedard et al., 2019）。研究人员对25项关于从学前到中学课堂上的体育活动的研究进行了分析，在这些课堂上，学科内容是通过身体运动来教授的。例如，学生在词汇课上使用身体运动来学习新字词，如通过模仿飞行的动作来学习"飞"这个字，或在数学课上做开合跳，用开合跳的次数回答数学问题。这些研究发现，学生除在学业上有所收获外，还用了更长的时间来完成任务并更加享受这个过程。你可以在 www.visiblelearningmetax.com 网站上了解更多信息。

课堂上教师也可以通过"大脑休息"环节来引入体育活动，为学生提供快速的、有组织的、由教师主导的活动，如一系列伸展运动或简短舞蹈。我们认识的一位高中老师会带领学生做人浪舞动，以此鼓励他们运动全身。高中教师斯泰茜·贝纳克（Staci Benak）带领大家做有氧运动（佩戴20世纪80年代风格的吸汗带），通过这种方式复习诸如负无穷大和正无穷大等数学概念，以便学生可以在空间中移动身体来具象化这些抽象概念。各学段教授外语的教师都非常熟悉"全身反应法"（Total Physical Response，简称TPR），这是一种将动作与语言联系起来，以促进听力理解的做法（Asher，1969）。美国疾病控制与预防中心在《学校课堂上的体育活动策略》（*Strategies for Classroom Physical Activity in Schools*）这个文件中建议，教师在寻找将体育活动融入学科学习的方法时要考虑以下几点：

- 课堂和学校的文化和背景
- 每个课堂或每门课程的目标
- 每个教师的喜好和舒适度
- 学生的享受程度和喜好
- 可用的资源、时间和空间（CDC，2018，p.9）

实 例

程佳在一所只有400名学生的小学里负责体育教学。和许多体育老师一样，她对美国疾病控制与预防中心的调查结果感到担忧。该调查显示，全美只有43%的小学生在上学期间参加体育课以外的常规体育活动。"我知道运动对学习有多重要，"程女士说道，"但持同样看法的教师却不多。"她多次观察到，尽管每天都有课间休息，但令人担忧的是，许多学生在这段时间里仍然坐在那里不动。"你不能指望他们在室外就会动起来，还是有很多人只是站在那里。"还存在的一个问题是，尽管有许多组织建议不要为了维持纪律而取消课间休息，可还是会有一些教师这样做。程女士说："我每天都会看到 24 个学生坐在午餐凉亭里，因为他们的课间休息被取消了。"

程女士是区委员会成员，该委员会致力于让更多的学生参与日常体育活动。如果在你的地区也有类似的委员会，你会怎么做呢？请考虑美国疾病控制与预防中心的建议，为你所在地区的教师提出有关未来专业学习的建议。

注意事项	你的建议
课堂和学校的文化和背景	
每个课堂或每门课程的目标	
每个教师的喜好和舒适度	
学生的享受程度和喜好	
可用的资源、时间和空间	

致力于学生的情感健康

你对本书的兴趣很大可能源于你对学生情感健康的关注。事实上,如果你在阅读各模块时能站在学生的角度,你就会清楚,学生的情感健康正是我们要讨论的问题。学生

> 儿童和青少年的情感健康可归结为一个简单的问题:"你是否充满活力?"

的情感健康有很多方面,所以请考虑将此作为各模块持续讨论的起点。

儿童和青少年的情感健康可归结为一个简单的问题:"你是否充满活力?"那些充满活力的孩子在身体、心理和学业上一般会取得进步,而那些沉闷、沮丧的孩子可能会表现出一系列令人担忧的行为。有的孩子可能会攻击他人或完全回避他人,有的孩子可能会因高度焦虑而无法行动,还有的孩子可能会做出危险的决定,从而给他们带来负面影响。

世界卫生组织为 9 岁及以上的儿童开发了一个经过有效性验证的情感健康评估表,称为 WHO-5 幸福感指数表(见表 6.1),它包括五项内

表 6.1　WHO-5 幸福感指数表

在过去的两周内……	所有时间	大部分时间	超过一半的时间	少于一半的时间	有时候	从未有过
1. 我感觉快乐,心情舒畅。						
2. 我感觉宁静和放松。						
3. 我感觉充满活力,精力充沛。						
4. 我睡醒时感到清爽,得到了足够的休息。						
5. 我每天的生活充满了有趣的事情。						

来源:WHO-5 Well-Being Index(1998)。

容。该表于 1998 年首次试点，目前已在世界各地得到应用，应用领域包括医学和教育学等。与本模块前面介绍的沃里克—爱丁堡心理健康量表一样，WHO-5 幸福感指数表要求参与者考虑他们过去两周内的经历，而不只考虑评估时的情况。

※ 了解情感健康和学习之间的联系

与身体疾病一样，消极的情绪也会极大地影响学生的学习。在负面影响因素中高居榜首的是以下几种情绪：

- 愤怒：-0.82
- 挫败感：-0.52
- 焦虑：-0.36
- 抑郁：-0.29

上述每一种负面情绪都是连续发生的，从转瞬即逝、短暂出现逐渐发展为出现临床症状和长期持续。再次强调，本书是在一个较普遍的层面上讨论情感健康，讨论的策略并不能替代心理健康专业人员的专业知识，他们能够为情绪衰弱的年轻人提供专业治疗。但是，我们所有人都曾在自己的学生身上看到过这些负面情绪的短暂流露。比如，前一天晚上与父母的争吵、与朋友的令人沮丧的谈话，或对即将到来的考试的恐惧等，这些都可能引发学生情绪动荡，从而导致学习停滞不前。

※ 促进情感健康

哈蒂将幸福感定义为"学生对自身生活的思考和感受，特别指愉快和积极的情感（比如快乐）"。幸福感可能对学习产生积极影响，其效应量为 0.36。（见 www.visiblelearningmetax.com）。快乐的影响更大

（效应量为 0.53），具有加速学习的潜力。

作为一种让学生重新集中注意力、专注于思考的方式，基于课堂的正念练习在过去 10 年中兴起。这些练习不是专门为教学设计的，而是为了帮助大脑进行情绪上的放松。它们是简短的、有组织的，并由教师领导的。一些教育工作者担忧的是，在这样的休息中学习并没有发生，但针对大脑活动的功能性磁共振成像研究却显示出相反的结果。事实证明，"休息不是无所事事"，认知的短暂休息对记忆的形成、概念的巩固和发散性思维至关重要（Immordino-Yang et al., 2012, p.352）。

正念练习对学生的学习可以产生适度的影响（其效应量为 0.28），包括呼吸练习、恢复注意力的静心活动和引导想象等活动。与体育活动一样，这些练习可能暂时中断消极情绪，因此定期进行这些训练有助于培养年轻人自我调节情绪的能力。为学生配备一个简单的、可以随时独立使用的"情绪调节技术工具箱"，这听起来是一项不错的投资。

> "休息不是无所事事"，认知的短暂休息对记忆的形成、概念的巩固和发散性思维至关重要。

但诸如此类的练习也不应被视为解决所有复杂问题的灵丹妙药。CASEL 的创始成员琳达·兰提尔瑞（Linda Lantieri）说："实现正念的最好方法是将学业、社会和情感学习结合起来。"（CASEL；引自 Gerszberg, n.d., p.10）情绪调节、识别自己和他人的情绪状态、培养能动性都是情感健康的重要维度。

个人笔记

你在课堂上用过什么情感健康技巧？请你与同事合作，列出适合学生发展的想法清单。

技巧	简要定义	你的想法
引导呼吸	学生进行调节呼吸的练习，尤其是那些能够让呼吸更深、更慢的练习。	
引导想象	学生闭上眼睛倾听一段故事，想象一个平静的地方，比如海滩，或想象一幅画面，如鱼儿游水。	
感官体验	学生接受听觉提示，如舒缓的音乐或其他令人愉快的声音，或闻到令人愉悦的气味，感受到舒适的质感。	

创伤敏感型教室设计

正如我们在情境描述中讨论的，创伤，无论是急性的、慢性的还是复杂的，都会对儿童的学习生活造成负面影响。我们决不认为本书中描述的社会情感学习足以满足经历过创伤的年轻人的所有需求，因为要做到这一点，需要一个专门的支持系统，这个系统可能包括咨询师、社会工作者和外部机构。然而，"承认课堂环境中存在创伤即是一种教学变革"，因为你已经主动出击，承认我们可能永远不知道学生中谁曾经历过创伤（Romero et al., 2018, p.65）。从这个意义上来说，这并不重要。我们只需要确保从一开始就对课堂上存在的创伤保持敏感。

我们将"创伤知情"（trauma-informed）与"创伤敏感"（trauma-sensitive）区分开来，是为了承认通常学校提供的心理健康和社会服务的范围较窄，且提供直接服务的能力较弱（Cole et al., 2013）。创伤敏感型课堂和学校致力于打造一个情感安全和心理安全的环境，为所有学生提供最佳的实践（Fisher et al., 2019）。你在师生关系和同伴关系、亲社会技能以及情绪调节方面投入的一切，都是你积极培养创伤敏感型课堂的一部分。

然而，一个被忽视的因素是教室设计。它涉及这样一个观点：每个课堂都有三位"老师"，即交互源（interaction sources）。

1. 学生与成人的关系
2. 学生与同伴的关系
3. 学生与物理环境的关系（Malaguzzi, 1984）

考虑到这一点，我们根据缓解和减少压力源的环境设计原则重新设计了学校的教室。我们咨询了"为尊严而设计"（Designs for Dignity）——一家与非营利组织合作，专为弱势群体提供服务的建筑设计公司，了解了更多有关创伤的环境诱因。我们了解到，感官的输入，如巨大的噪声、明亮而炫目的霓虹色和刺眼的光线，以及空间布局对一些学生来说可能颇具挑战性。高度警惕的学生可能会因为看不到门而感到威胁，还有一些学生可能希望有一个可以躲避的地方。

我们没有花太多钱。令人惊讶的是，教室改造的费用我们完全负担得起。我们与老师和学生一起研究要改变什么。首先要改的是颜色。我们把教室墙壁重新粉刷成柔和的蓝色、绿色和淡紫色，取代了一直以来的白色。此外，我们抛弃了许多人都喜欢做装饰用的霓虹色和宝石色墙纸，用更柔和的颜色取代这些浓艳的色彩。

突然出现的巨大噪声也是个问题，于是我们采取措施，将所有教室都铺上了地毯。虽然很多教室已经铺上了地毯，但有些教室仍是混凝土地面。遮盖混凝土地面可以减少整体的噪声，老师们表示，在这样的教室里学生更便于聆听。我们还利用一笔拨款，将旧的照明灯改为环保的 LED 灯，从而消除了荧光灯频闪的影响。

我们还和老师一起重新布置了桌椅，改善视野角度，减少看不到门口的座位数量。因为杂乱无章的物体可能会引起一些学生的焦虑，我们要求老师尽量减少悬于头顶的物品（有些老师喜欢在天花板上悬挂学生的作品）。此外，我们还给每位老师一小笔预算，让那些不想做额外维护的老师购买一些植物或植物的照片。总的来说，这些小的设计改造让我们有机会加强每个课堂上"第三位老师"的作用。

个人笔记

对你的教室或学校办公室进行一次环境检查，看看是否可以通过调整一些小的设计来加强"第三位老师"的作用。

设计元素	说明	可改进之处
颜色（太死板？太亮？太暗？）		
灯光（刺眼？闪烁？）		
布局（杂乱无章？）		
噪声（太大声？）		
视觉兴趣（积极的信息、学生的作品）		
大自然的融入（植物、岩石、照片）		

实 例

一些家庭已经对学校的情感健康教学方法提出了担忧。在艾丽西亚·福斯特（Alicia Foster）老师的九年级代数班上，两位来自不同家庭的家长要求与她和校长见面。他们说，孩子向他们反映，福斯特女士在课堂上使用了呼吸和引导想象的方法。一位家长表示，他们对福斯特老师在课堂上进行的活动表示怀疑，称其为"西海岸的健身舞"（West Coast woo-woo stuff），还说"老师的工作是教我的孩子代数"。

福斯特老师和校长将在第二天下午与两位家长分别会面，你建议他们怎么做？

依靠学校培育关爱型社区

在全校范围致力于培育关爱型社区，可以放大每个教育工作者的努力，使他们事半功倍。在考虑营造"学校氛围"时，这是至关重要的。氛围体现的是学校的社会和环境背景，它对学生的学科学习有直接影响，其效应量为 0.44（见 www.visiblelearningmetax.com）。对学校氛围的研究包括学校程序的有序性、课程的质量、学校领导的才干和学校的成就心态等几个维度。教职工之间的沟通贯穿学校氛围的研究。一个关爱型的社区意味着我们关心组织内的所有成员。

> 氛围体现的是学校的社会和环境背景。

集体责任

你们学校的教育工作者对学生的学习负责吗？在这里我们指的不仅仅是某个老师当前带班名册上的学生，而是学校里的所有学生。"集体责任"是学校行为的产物。"前瞻学习"（Learning Forward）是一家专注于教育工作者发展的专业组织，它从五个维度定义了"集体效能"（Hirsh，2010，p.2）：

1. 所有教职工都应致力于每位学生的成功。
2. 我们不允许任何一个老师放弃为每一个学生的成功付出努力。
3. 我们的学生受益于同一年级或同一学科所有老师的智慧和专业能力，而不仅仅是他们自己的老师。
4. 我们的老师怀有与同事分享课堂上教学成果的责任感。
5. 经验不足的老师能感受到其他老师也在为他们和所有学生的成功而努力。

集体责任是积极的学校氛围的一个特点，这种学校氛围是由教职工之间的沟通所驱动的。我们可以通过专业学习社区（professional learning community）这一例子来印证这一点。在实践中，我们会给团队会议贴上专业学习社区的标签，却忽略了整个学校其实就是一个专业学习社区，而团队会议只是培养集体责任流程中的一部分（Hord, 1997）。在太多的学校中，"专业学习社区时间"受年级或部门的严格限制，各团队没有机会聚在一起作为一个整体讨论工作。在缺乏沟通的情况下，集体责任不太可能形成。

这很遗憾，因为强有力的证据表明，集体责任可以影响学生和教师的表现（Park et al., 2019）。研究人员分析了 25000 名学生从九年级到十一年级的数学成绩变化轨迹，以及教授这些学生的 5700 名数学教师。研究发现，即使学生的社会经济地位和语言水平保持不变，更高水平的集体责任、校长支持和专业学习社区仍与更高的数学成绩相关。

沟通能力

尽管很少有人讨论教师的孤独感，但它破坏了我们为培养集体责任付出的努力。在很多情况下，人们往往将孤独感归因于一个人的个性，而不去质疑组织的氛围是否健康（Kazuk, 2021）。远程学习和混合学习导致的长期的社交孤立，以及在疫情和种族主义这两大流行病侵袭的不稳定时期，我们每一个人需要持续面对的不确定性，都加剧了教职工的孤独感。

> 尽管很少有人讨论教师的孤独感，但它破坏了我们为培养集体责任付出的努力。

沟通能力是教育工作者为了交流思想、解决人际问题和积极应对新出现的挑战所必须具备的一项重要专业技能。组织中个人在社会沟通和互动方面的相对情感健康是必不可少的，值得受到持续关注（Erdil & Ertosun, 2011）。卡祖克（Kazuk, 2021）对情感孤独、组织的沟通能力和学校氛围之间的关系进行了研究，研究发现，前两个因素影响了创造健康的学校氛围所必需的态度和行为。拥有一个强大的关爱型社区的学校可以培养其成员的沟通能力，加强彼此的情感健康。

实 例

奥克代尔中学（Oakdale Middle School）一整年的情感氛围一直很糟糕。大家似乎在身体上和情感上都感到很疲惫，甚至教师和领导之间的谈话也更加消极了。校长伊玛尼·特纳（Imani Turner）担心学校氛围受到影响，希望通过一些组织响应来支持奥克代尔中学的各类教职工。特纳校长正在和行政团队开会，同时参会的还有学校的首席辅导员和社工，讨论如何针对当下情况制定一个更具连贯性的应对措施。她还认识到，关注学生的幸福对她的员工来说也很重要。她知道学校里的员工都是有爱心的教育工作者，他们也背负着学生生活中的情感重担。请你使用在本模块中学到的知识帮助奥克代尔团队。针对以下每个分类，你能为他们提供什么建议？

教职工的情感健康	学生的情感健康
教职工的身体健康	学生的身体健康

自我评估

在全校范围开展社会情感学习的最终结果是，我们建立了一个关爱型社区。请反思你所在学校建立关爱型社区的程度。

实践清单：关爱型社区

使用下面的红绿灯量表，反思目前你在自身、学生和学校层面，有哪些做法与培育关爱型社区相关。你想加强哪些方面？

自身层面的机会	
	●红　　●黄　　●绿
我按照实际需求为自己量身定制了关于体育运动、健康饮食和睡眠卫生的健康计划。	
我通过培养和维持社会关系来远离孤独。	
我每天都能给自己留出时间，即使时间很短。	
我定期参与学校和社区的活动。	
我定期检查并自测自己的情绪。	
学生层面的机会	
	●红　　●黄　　●绿
我在学校推动并提倡学生的身体健康。	
我在教学中融入体育活动或帮助他人这样做。	
我在课堂上利用或帮助别人利用"大脑休息"时间。	
我使用正念活动来促进学生的学业和情感学习或帮助别人这样做。	

续表

学校层面的途径			
	●红	●黄	●绿
在学校中,我积极参与并采取行动培养集体责任。			
我在与同事和学生的互动中运用了沟通原则。			

思考题

● 要将"红灯"变成"黄灯",我该怎么做?

● 要将"黄灯"变成"绿灯",谁会给予我支持?

● 如何利用"绿灯",为集体谋福利?

个人笔记

你的下一步计划是什么?请你思考整本书的内容和你读过的所有模块。我们有意按人类的社会和情感需求将本书分为几大特定模块,并在自身、学生和学校层面为你提供了采取行动和实施想法的机会。现在,我们鼓励你在每一个层面总结自己将采取的下一步行动。

	自身	学生	学校
我的短期计划或当下计划是什么?			
我的中期计划(也许未来六个月)是什么?			
我的长期计划(未来一两年)是什么?			

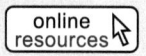

获取本模块的资源、工具和指南,请访问:
resources.corwin.com/theselplaybook

结 语

德国诗人克里斯蒂安·摩根斯顿（Christian Morgenstern）曾说："身之所栖只是屋，心之所归才是家。"我们坚信，在最好的情况下，家是栖身之所，也是心安之地。像家一样的学校是一个受欢迎的地方，是一个大家彼此尊重、彼此滋养，进而达成所愿的地方。要想创造这样一个环境，意味着我们必须把社会情感学习看作一个分层系统。如果我们忽视了校园中教育工作者的需求，我们就无法为学生提供最好的服务；如果我们不倾听家长的心声，就不能为学生提供最好的服务；如果社会情感学习仍被孤立在外，我们就不能为学生提供最好的服务。在这种情况下，如果我们不能从组织的愿景出发在全校范围推动社会情感学习并协调各方的努力，辛勤的教育工作者就会受到伤害。

> 像家一样的学校是一个受欢迎的地方，是一个大家彼此尊重、彼此滋养，进而达成所愿的地方。

对学生社会情感学习的投资就是对学科学习的投资——数据清楚地表明了这一点。不过，我们也必须为学校和自我的社会情感学习安排时间和贡献心力。学校这样做是值得的，你自己也应该这样做。

参考文献

Aguilar, E. (2018). *Onward: Cultivating emotional resilience in educators.* Wiley.

Angus, R. (2020). Can strengths-based interventions be used to support the financial wellbeing of tertiary students in financial need during COVID19? *Journal of the Australian and New Zealand Student Services Association, 28*(2), 96–101.

Asher, J. J. (1969). The Total Physical Response approach to second language learning. *The Modern Language Journal, 53*(1), 3–17.

Blachut, C. (2021, December 7). Before meeting new people, give them your personal user manual. *The Unconventional Route.* https://www.theunconventionalroute.com/personal-user-manual/

Bandura, A. (1977). Self-efficacy: Toward a unifying theory of behavioral change. *Psychological Review, 84*(2), 191–215.

Bandura, A. (1986). *Social foundations of thought and action: A social cognitive theory.* Prentice Hall.

Bandura, A. (1993). Perceived self-efficacy in cognitive development and functioning. *Educational Psychologist, 28*, 117–148.

Bandura, A. (1997). *Self-efficacy: The exercise of control.* W. H. Freeman.

Bandura, A. (2000). Exercise of human agency through collective efficacy. *Current Directions in Psychological Science, 9*(3), 75–78. https://doi.org/10.1111/1467-8721.00064

Barton, E. E., & Smith, B. J. (2015). Advancing highquality preschool inclusion: A discussion and recommendations for the field. *Topics in Early Childhood Special Education, 35*(2), 69–78.

Bedard, C., St. John, L., Bremer, E., Graham, J. D., & Cairney, J. (2019). A systematic review and meta-analysis on the effects of physically active classrooms on educational and enjoyment outcomes in school age children. *PLoS One,14*(6), e0218633. https://doi.org/10. 1371/journal.pone. 0218633

Borrero, N., & Sanchez, G. (2017) Enacting culturally relevant pedagogy: Asset mapping in urban classrooms. *Teaching Education, 28*(3), 279–295. https://doi: 10.1080/10476210.2017. 1296827

Boske, C., Osanloo, A., & Newcomb, W. S. (2017). Exploring empathy to promote social justice leadership in schools. *Journal of School Leadership, 27*(3), 361–391.

Bowen, J. (2021, October 21). *Why is it important for students to feel a sense of belonging in school?* https://ced.ncsu.edu/news/2021/10/21/why-is-it-important-for-students-to-feel-a-sense-of-belonging-at-school-students-choose-to-be-in-environments-that-make-them-feel-a-sense-of-fit-says-associate-professor-deleon-gra/

Brackett, M., & Frank, C. (2017, September 11). Four mindful back-to-school questions to build emotional intel ligence. *Washington Post.* https://www.washingtonpost.com/news/parenting/wp/2017/09/11/a-mindful-start-to-the-school-year-four-back-to-school-questions-to-build-emotional-intelligence/?noredirect=on&utm_term=.330035371ecc

Brackett, M. A., Bailey, C. S., Hoffmann, J. D., & Simmons, D. N.(2019). RULER: A theory-driven, systemic approach to social, emotional, and academic learning. *Educational Psychologist, 54*(3), 144–161.

Brackett, M. A., Floman, J. L., Ashton-James, C., Cherkasskiy, L., & Salovey, P. (2013). The influence of teacher emotion on grading practices: A preliminary look at the evaluation of student writing. *Teachers & Teaching, 19*(6), 634–646.

Brown, D. W., Anda, R. F., Felitti, V. J., Edwards, V. J., Malarcher, A. M., Croft, J. B., & Giles, W. H. (2010). Adverse childhood experiences are associated with the risk of lung cancer: A prospective cohort study. *BMC Public Health, 10*, 20. https://doi.org/10.1186/1471-2458-10-20

Brown, G. T. L., & Harris, L. R. (2014). The future of self-assessment in classroom practice: Reframing self-assessment as a core competency. *Frontline Learning Research, 3*, 22–30. https://doi.org/10.14786/flr.v2i1.24

Bryk, A. S. (2010). Organizing Schools for Improvement. *Phi Delta Kappan, 91*(7), 23–30.

Bryk, A. S., & Schneider, B. (2002). *Trust in schools: A core resource for improvement.*

Russell Sage Foundation.

Bryk, A. S., Sebring, P. B., Allensworth, E., Luppescu, S., & Easton, J. Q. (2010). *Organizing schools for improvement: Lessons from Chicago*. University of Chicago Press.

CASEL.(n.d.a). *CASEL program guide*. pg.casel.org

CASEL.(n.d.b). *What is the CASEL framework?* https://casel.org/fundamentals-of-sel/what-is-the-casel-framework

Centers for Disease Control and Prevention. (2018). *Strategies for classroom physical activity in schools*. Centers for Disease Control and Prevention, U.S. Departtment of Health and Human Services. https://www.cdc.gov/healthyschools/physicalactivity/pdf/classroompastrategies_508.pdf

Centers for Disease Control and Prevention.(n.d.a). About the CDC-Kaiser ACE study. https://www.cdc.gov/violenceprevention/aces/about.html?CDC_AA_refVal=https%3A%2F%2Fwww.cdc.gov%2Fviolenceprevention%2Facestudy%2Fabout.html

Centers for Disease Control and Prevention.(n.d.b). *Adverse childhood experiences (ACEs)*. Adverse Childhood Experiences (ACEs) (cdc.gov)

Cherry, K. (2020). Self efficacy and why believing in yourself matters. *Very Well Mind*. https://www.verywellmind.com/what-is-self-efficacy-2795954

Chou, C. Y., & Chang, C. H. (2021). Developing adaptive help-seeking regulation mechanisms for different help-seeking tendencies. *Educational Technology & Society, 24*(4), 54–66.

Clifton, D. O., & Harter, J. K. (2003). Investing in strengths. In K. S. Cameron, J. E. Dutton, & R. E. Quinn (Eds.), *Positive organizational scholarship: Foundations of a new discipline* (pp.111–121). Berrett-Kohler.

Cohn-Vargas, B., Kahn, A. C., & Epstein, A. (2020). *Identity safe classrooms, grades 6–12*. Corwin.

Cole, S. F., Eisner, A., Gregory, M., & Ristuccia, J. (2013). *Helping traumatized children learn: Creating and advocating for trauma-sensitive schools*. Boston, MA: Massachusetts Advocates for Children.

Collaborative for Academic, Social, and Emotional Learning. (2021). *2011 to 2021: Ten years of social and emotional learning in US school districts: Elements for long-term sustainability of SEL.* https://casel.s3.us-east-2.amazonaws.com/CDI-Ten-Year-Report.pdf

Coopersmith, S. (1967). *The antecedents of self esteem.* W. H. Freeman and Company.

Corwin Visible Learning Plus. (n.d.). *Visible Learning Meta^x global research database.* https://www.visiblelearningmetax.com/

Costa, A. L., & Garmston, R. J. (2015). *Cognitive coaching: Developing self-directed leaders and learners* (3rd ed.). Rowman & Littlefield.

Crockett, L. (2019). 6 ways of building student confidence through your practice. *Future Focused Learning.* https://blog.futurefocusedlearning.net/building-student-confidence-6-ways

Davidson, K., & Case, M. (2018). Building trust, elevating voices, and sharing power in family partnership. *Phi Delta Kappan, 99*(6), 49–53.

Davies, K., Lane, A., Devonport, T., & Scott, J. (2010). Validity and reliability of a Brief Emotional Intelligence Scale (BEIS-10), *Journal of Individual Differences, 31,* 198–208.

Davis-Bowman, J. (2021). African American child and adolescent academic help-seeking: A scoping review. *Education & Urban Society, 53*(1), 42–67.

Dimant, E. (2019). Contagion of pro- and anti-social behavior among peers and the role of social proximity. *Journal of Economic Psychology, 73,* 66–88.

Dockray, H. (2019). Self-care isn't enough. We need community care to thrive. *Mashable.* https://mashable.com/article/community-care-versus-self-care

Duke University. (2022). How can I support student wellbeing? *Duke Flexible Teaching.* https://flexteaching.li.duke.edu/a-guide-to-course-design/how-can-i-support-student-well-being/

Durlak, J. A., Weissberg, R. P., & Pachan, M. (2010). A meta-analysis of after-school programs that seek to promote personal and social skills in children and adolescents. *American Journal of Community Psychology, 45,* 294–309.

Eisenberg, N., Eggum-Wilkens, N. D., & Spinrad, T. L. (2015). The development of prosocial behavior. In D. A. Schroeder, & W. G. Graziano (Eds.), *Oxford library of psychology. The Oxford handbook of prosocial behavior* (pp.114–136). Oxford University Press.

Elliott, K. W., Elliott, J. K., & Spears, S. G. (2018). Teaching on empty. *Principal, 98*(2), 28–29.

Ellis, W. R., & Dietz, W. H. (2017). A new framework for addressing adverse childhood and community experiences: The building community resilience model. *Academic Pediatrics, 17*(7S), S86–S93. https://doi.org/10.1016/j.acap.2016.12.011

Ells, R. J. (2011). *Meta-analysis of the relationship between collective teacher efficacy and student achievement* [Unpublished doctoral dissertation]. Loyola University of Chicago.

Elmer, J. (2019). Not sure what to say to someone with depression? Here are seven ways to show support. *Healthline.* https://www.healthline.com/health/what-to-say-to-someone-with-depression

Entrepreneur. (n.d.). *Branding.* https://www.entrepreneur.com/encyclopedia/branding

Erdil, Ö., & Ertosun, Ö. G. (2011). The relationship between social climate and loneliness in the workplace and effects on employee well-being. *Procedia Social and Behavioral Sciences, 24,* 505–525.

Eurich, T. (2018). What self-awareness really is and how to cultivate it. *Harvard Business Review.* https://hbr.org/2018/01/what-self-awareness-really-is-and-how-to-cultivate-it

Figley, C. R. (2002). Compassion fatigue: Psychotherapists' chronic lack of self care. *Journal of Clinical Psychology,58*(11), 1433–1441.

Fisher, D., Frey, N., & Savitz, R. S. (2019). *Teaching hope and resilience for students experiencing trauma: Creating safe and nurturing classrooms for learning.* Teachers College Press.

Fisher, D., Smith, D., & Frey, N. (2020). *Teacher credibility and collective efficacy.* Corwin.

Frey, N. (2010). Home is not where you live, but where they understand you. In K. Dunsmore & D. Fisher (Eds.), *Bringing literacy home* (pp.42–52). International Reading Association.

Galvin, B. M., Randel, A. E., Collins, B. J., & Johnson, R. E. (2018). Changing the focus of locus (of control): A targeted review of the locus of control literature and agenda for future research. *Journal of Organizational Behavior, 39*, 820–833.

Gerszberg, C. O. (n.d.). Best practices for bringing mindfulness into schools. *Mindful.* https://www.mindful.org/mindfulness-in-education/

Goddard, R. D. (2003). Relational networks, social trust, and norms: A social capital perspective on students' chances of academic success. *Educational Evaluation & Policy Analysis, 25*(1), 59–74.

Goddard, R. D., Hoy, W. K., & Woolfolk Hoy, A. (2004). Collective efficacy beliefs: Theoretical developments, empirical evidence, and future directions. *Educational Researcher, 33*(3), 3–13.

Gonzalez, J. (2014). Know your terms: Holistic, analytic, and single-point rubrics. *Cult of Pedagogy.* www.cultofpedagogy.com/holistic-analytic-single-point-rubrics

Goodman, L. (2001). A tool for learning: Vocabulary self-awareness. In C. Blanchfield (Ed.), *Creative vocabulary: Strategies for teaching vocabulary in grades K-12*(p.46). San Joaquin Valley Writing Project. Used with permission.

Gordon, T. (2003). *Teacher effectiveness training: The program proven to help teachers bring out the best in students of all ages.* Three Rivers Press.

Hardcastle, K., Bellis, M. A., Ford, K., Hughes, K., Garner, J., & Ramos Rodriguez, G. (2018). Measuring the relationships between adverse childhood experiences and educational and employment success in England and Wales: Findings from a retrospective study. *Public Health, 165*, 106–116.

Hattie, J. (2012). *Visible learning for teachers: Maximizing impact on learning.* Routledge.

Hattie, J., Fisher, D., Frey, N., & Clarke, S. (2021). *Collective student efficacy: Developing independent and interdependent learners.* Corwin.

Heller, R. (2017). On the science and teaching of emotional intelligence: An interview with Marc Brackett. *Phi Delta Kappan, 98*(6), 20–24.

Herman, D. B., Susser, E. S., Struening, E. L., & Link, B. L. (1997). Adverse childhood experiences: Are they risk factors for adult homelessness? *American Journal of Public Health, 87*, 249–255.

Hirsh, S. (2010). Collective responsibility makes all teachers the best. *Teachers Teaching*

Teachers, 6(1). https://learningforward.org/leading-teacher/september-2010-vol-6-no-1/collective-responsibility-makes-all-teachers-the-best

Hord, S. M. (1997). *Professional learning communities: Communities of continuous inquiry and improvement.* Austin, TX: Southwest Educational Development Laboratory.

Hoy, W. K., Sweetland, S. W., & Smith, P. A. (2002). Toward an organizational model of achievement in high schools: The significance of collective efficacy. *Education Administration Quarterly, 38*(1), 77–93.

Hoy, W. K., & Tschannen-Moran, M. (2003). The conceptualization and measurement of faculty trust in schools: The omnibus T-Scale. In W. K. Hoy & C. G. Miskel (Eds.), *Studies in leading and organizing schools* (181–208). Information Age.

Identify Safe Classrooms. (n.d.). *Components of identify safety.* http://www.identitysafeclassrooms.com/more-about-identity-safety

Immordino-Yang, M. H., Christodoulou, J. A., & Singh, V. (2012). Rest is not idleness: Implications of the brain's default mode for human development and education. *Perspectives on Psychological Science, 7*(4), 352–364.

Jones, S., Brush, K., Bailey, K., Brion-Meisels, G., McIntyre, J., Kahn, J., Nelson, B., & Stickle, L. (2017). *Navigating SEL from the inside out: Looking inside and across 25 leading SEL programs: A practical resource for schools and OST providers: Elementary school focus.* Harvard Graduate School of Education and the Wallace Foundation. http://www.wallacefoundation.org/knowledge-center/Documents/Navigating-Social-and-Emotional-Learning-from-the-Inside-Out.pdf

Josh Meah & Company. (2019). *A simple marketing plan that works for most schools.* https://www.joshmeah.com/blog/a-basic-school-marketing-plan-for-all-schools

Kapur, M. (2016). Examining productive failure, productive success, unproductive failure, and unproductive success in learning. *Educational Psychologist, 51*(2), 289–299.

Kazuk, E. (2021). The predictive level of teachers' communication competencies and perceptions of school climate for loneliness at school. *International Online Journal of Educational Sciences, 13*(3), 722–739.

Kennedy, B. L., & Soutullo, O. (2018). "We can't fix that": Deficit thinking and the exoneration of educator responsibility for teaching students placed at a disciplinary alternative school. *Journal of At-Risk Issues, 21*(1), 11–23.

Keyes, T. S. (2019). A qualitative inquiry: Factors that promote classroom belonging and engagement among high school students. *School Community Journal, 29*(1), 171–200.

Kuypers, L. (2013). The zones of regulation: A framework to foster self-regulation. *Sensory Integration, 36*(4), 1–3.

Lee, C. K. J., & Huang, J. (2021). The relations between students' sense of school belonging, perceptions of school kindness and character strength of kindness. *Journal of School Psychology, 84*, 95–108.

Levine, E. (2007). *Henry's freedom box: A true story from the Underground Railroad.* Scholastic.

Livingstone, K. M., & Srivastava, S. (2012). Up-regulating positive emotions in everyday life: Strategies, individual differences, and associations with positive emotion and well-being. *Journal of Research in Personality, 46*, 504–526.

Maddux, J. E. (2013). *Self-efficacy, adaptation, and adjustment: Theory, research, and application.* Springer.

Maddux, J. E., & Meier, L. J. (1995). Self-efficacy and depression. In J. E. Maddux (Ed.), *Self-efficacy, adaptation, and adjustment* (pp. 143–169). Springer.

Malaguzzi, L. (1984). *When the eye jumps over the wall: Narratives of the possible.* Regione Emilia Romagna, Comune di Reggio Emilia.

Martín, R. K., & Santiago, R. S. (2021). Reduced emotional intelligence in children aged 9–10 caused by the COVID-19 pandemic lockdown. *Mind, Brain & Education, 15*(4), 269–272.

Maslow, A. (1954). *Motivation and personality.* Harper.

Massar, K., & Malmberg, R. (2017). Exploring the transfer of self-efficacy: Academic self-efficacy predicts exercise and nutrition self-efficacy. *Revista de Psicología Social, 32*(1), 108–135. https://doi.org/10.1080/02134748.2016.1248026

Matsumoto, D., Frank, M. G., & Hwang, H. S. (2012). *Nonverbal communication: Science and applications.* Sage.

Mayer, J. D., & Salovey, P. (1997). What is emotional intelligence? In P. Salovey & D.

J. Sluyter (Eds.), *Emotional development and emotional intelligence: Educational implications*. Basic Books.

Mayo Clinic Staff. (2020). *Anger management: 10 tips to tame your temper*. www.mayoclinic.org/healthy-lifestyle/adult-health/in-depth/anger-management/art-20045434

McCawley, P. (n.d.). *The logic model for program planning and evaluation*. University of Idaho. www.cals.uidaho.edu/edcomm/pdf/CIS/CIS1097.pdf.

Merrick, M. T., Ports, K. A., Ford, D. C., Afifi, T. O., Gershoff, E. T., & Grogan-Kaylor, A. (2017). Unpacking the impact of adverse childhood experiences on adult mental health. *Child Abuse & Neglect, 69*, 10–19. https://doi.org/10.1016/j.chiabu.2017.03.016

Mikami, A. Y., Griggs, M. S., Reuland, M., & Gregory, A. (2012). Teacher practices as predictors of children's classroom social preference. *Journal of School Psychology, 50*(1), 95–111.

Mind Tools. (n.d.). *Active listening*. https://www.mindtools.com/CommSkll/ActiveListening.htm

Minero, E. (2016, October 4). 4 steps of student self-assessment. *Edutopia*. https://www.edutopia.org/practice/mastering-self-assessment-deepening-independent-learning-through-arts

Morin, A. (2021, October 25). *Impulse control techniques that work for children*. www.verywellfamily.com/ways-to-teach-children-impulse-control-1095035

Murphey, D., & Sacks, V. (2019, Summer). *Supporting students with adverse childhood experiences: How educators and schools can help*. https://www.aft.org/ae/summer2019/murphey_sacks

National Center on Safe Supportive Learning Environments. (n.d.). Tips for promoting positive peer-to-peer relationships. https://safesupportivelearning.ed.gov/sites/default/files/Mod-2-Handout-4-508.pdf

National Scientific Council on the Developing Child. (2014). Excessive stress disrupts the architecture of the developing brain: Working paper 3. https://developingchild.harvard.edu/wp-content/uploads/2005/05/Stress_Disrupts_Architecture_Developing_Brain-1.pdf

New Economics Foundation. (2012). *Measuring wellbeing: A guide for practitioners.* Author.

Newberry, M., Sanchez, L. O., & Clark, S. K. (2018). Interactional dimensions of teacher change: A case study of the evolution of professional and personal relationships. *Teacher Education Quarterly, 45*(4), 29–50.

Nottingham, J. (2007). Exploring the learning pit. *Teaching Thinking and Creativity, 8*(23), 64–68.

Nottingham, J. (2017). *The learning challenge: How to guide your students through the learning pit to achieve deeper understanding.* Corwin.

Paley, V. G. (1993). *You can't say you can't play.* Harvard University Press.

Panadero, E., Jonsson, A., & Botella, J. (2017). Effects of self-assessment on self-regulated learning and selfefficacy: Four meta-analyses. *Educational Research Review, 22*, 74–98.

Paris, D., & Alim, S. (2017). *Culturally sustaining pedagogies: Teaching and learning for justice in a changing world.* Teachers College Press.

Park, J. H., Lee, I. H., & Cooc, N. (2019). The role of school level mechanisms: How principal support, professional learning communities, collective responsibility, and group level teacher expectations affect student achievement. *Educational Administration Quarterly, 55*(5), 742–780.

Patrick, H., Knee, C. R., Canevello, A., & Lonsbary, C. (2007). The role of need fulfillment in relationship functioning and well-being: A self-determination theory perspective. *Journal of Personality and Social Psychology, 92*(3), 434–457.

Penn State Wiki Spaces. (n.d.). *Self-efficacy and social cognitive theories.* https://wikispaces.psu.edu/display/PSYCH484/7.+Self-Efficacy+and+Social+Cognitive+Theories

Peterson, C., Park, N., & Seligman, M. E. P. (2005). Assessment of character strengths. In G. P. Koocher, J. C. Norcross, & S. S. Hill III (Eds.), *Psychologists' desk reference* (2nd ed., pp.93–98). Oxford University Press.

Pipas, C. F., & Pepper, E. (2021). Building community well-being through emotional intelligence and cognitive reframing: With communities facing so much unrest, here are two skills you can apply to help promote healing. *Family Practice Management, 28*(1), 23–26.

Plutchik, R. (2001). The nature of emotions. *American Scientist, 89*, 344–350.

Plutchik, R. (2002). *Emotions and Life: Perspectives from psychology, biology, and evolution.* American Psychological Association.

Protheroe, N. (2008, May/June). Teacher efficacy: What is it and does it matter? *Principal*, 42–45.

Rath, T., & Conchie, B.(2009). *Strengths-based leadership: Great leaders, teams and why people follow.* Gallup Press.

Redmond, B. F. (2010). *Self-efficacy theory: Do I think that I can succeed in my work? Work attitudes and motivations.* The Pennsylvania State University, World Campus.

Rogers, E.(1962/2003). *Diffusion of innovation* (5th ed.). Simon and Schuster.

Romero, V. E., Robertson, R., & Warner, A. (2018). *Building resilience in students impacted by adverse childhood experiences.* Corwin.

Rotter, J. B. (1954). *Social learning and clinical psychology.* Prentice-Hall.

Ryan, A. M., Patrick, H., & Shim, S. (2005). Differential profiles of students identified by their teacher as having avoidant, appropriate, or dependent help-seeking tendencies in the classroom. *Journal of Educational Psychology, 97*(2), 275–285.

Ryan, A. M., & Shin, H. (2011). Help-seeking tendencies during early adolescence: An examination of motivational correlates and consequences for achievement. *Learning & Instruction, 21*(2), 247–256.

Ryan, R., & Deci, E. (2000). Self-determination theory and the facilitation of intrinsic motivation, social development, and well-being. *American Psychologist, 55*(1), 68–78.

Sacks, V., Murphey, D., & Moore, K. (2014). *Adverse childhood experiences: National and state-level prevalence.* Child Trends.

Salloum, S., Goddard, R., & Larsen, R. (2017). Social capital in schools: A conceptual and empirical analysis of the equity of its distribution and relation to academic development. *Teachers College Record, 119*, 1–29.

Salovey, P., & Mayer, J. D. (1990). Emotional intelligence. *Imagination, Cognition and*

Personality, 9, 185–211.

Sanders, B. (2020, December 7). The power of social and emotional learning: Why SEL is more important than ever. *Forbes*. https://www.forbes.com/sites/forbesnonprofitcouncil/2020/12/07/the-power-of-social-and-emotional-learning-why-sel-is-more-important-than-ever/?sh=7d539b247a29

Satterfield, J. M. (2017). *The iceberg: Visible and hidden identity*. https://www.thegreatcoursesdaily.com/visible-and hidden-identity/

Schutte, N. S., & Malouff, J. M. (2019). The impact of signature character strengths interventions: A meta-analysis. *Journal of Happiness Studies, 20*, 1179–1196.

Seligman, M., & Csikszenzentmihalyi, M. (2000). Positive psychology: An introduction. *American Psychologist, 55*(1), 5–14.

Shapiro, S. (2007). Revisiting the teachers' lounge: Reflections on emotional experiences and teacher identity. *Teaching and Teacher Identity, 6*, 616–621.

Sinanis, T., & Sanfelippo, J. (2015). *The power of branding: Telling your school's story*. Corwin.

Singleton, G. E. (2015). *Courageous conversations about race: A field guide for achieving equity in schools* (2nd ed.). Corwin.

Six Seconds. (n.d.). *Emotoscope feeling chart*. www.6seconds.org/free-emotoscope-feeling-chart

Smith, D., Fisher, D., & Frey, N. (2021). *Removing labels, grades K-12: 40 techniques to disrupt negative expectations about students and schools*. Corwin

Smith, D., Frey, N., & Fisher, D. (2022). *The restorative practices playbook: Tools for transforming discipline in school*. Corwin.

Stamm, B. H. (2010). *The concise ProQOL manual* (2nd Ed.). ProQOL.org.

Steele, C. M., & Aronson, J. (1995). Stereotype threat and the intellectual test performance of African Americans. *Journal of Personality and Social Psychology, 69*, 797–811.

Steele, D. M., & Cohn-Vargas, B. (2013). *Identity safe classrooms: Places to belong and learn*. Corwin.

Style, E. J. (2014). Curriculum as encounter: Selves and shelves. *English Journal, 103*(5),

67–74.

Tajfel, H. (1979). Individuals and groups in social psychology. *British Journal of Social and Clinical Psychology, 18*(2), 183–190.

Tigchelaar, T. (n.d.). *How to create a successful school branding strategy*. https://www.finalsite.com/blog/p/~board/b/post/how-to-create-a-successful-school-branding-strategy-1596812941944

Toren, N. K., & Seginer, R. (2015). Classroom climate, parental educational involvement, and student school functioning in early adolescence: A longitudinal study. *Social Psychology of Education, 18*(4), 811–827.

Toshalis, E., & Nakkula, M. J. (2012). *Motivation, engagement, and student voice: The students at the center series*. Jobs for the Future. https://www.howyouthlearn.org/pdf/Motivation%20Engagement%20Student%20Voice_0.pdf

Transforming Education.(2020).*Introduction to self-management*. https://transformingeducation. org/resources/introduction-to-self-management/

Tschannen-Moran, M., & Hoy, A. W. (n.d.). *Research tools*. https://wmpeople.wm.edu/site/page/mxtsch/researchtools

Tschannen-Moran, M., & Woolfolk Hoy, A. (2001). Teacher efficacy: Capturing an elusive construct. *Teaching and Teacher Education, 17*(7), 783–805.

Tschannen-Moran, M., Woolfolk Hoy, A., & Hoy, W. K. (1998). Teacher efficacy: Its meaning and measure. *Review of Educational Research, 68*, 202–248.

Valencia, R. R. (2010). *Dismantling contemporary deficit thinking: Educational thought and practice*. Routledge.

Valente, S., Monteiro, A. P., & Lourenço, A. A. (2019). The relationship between teachers' emotional intelligence and classroom discipline management. *Psychology in the Schools, 56*(5), 741–750.

Van der Kolk, B. (2015). *The body keeps the score: Brain, mind, and body in the healing of trauma*. Penguin.

Veerman, G. J., & Denessen, E. (2021). Social cohesion in schools: A non-systematic review of its conceptualization and instruments. *Cogent Education, 8*(1). https://doi.org/10.1080/ 2331186X.2021.1940633

VIA Institute on Character. (n.d.). *The 24 character strengths*. https://www.viacharacter.org/character-strengths

Victoria Department of Education and Early Childhood Development. (2012). *Strength-based approach: A guide to writing transition and learning and development statements*. www.education.vic.gov.au/earlylearning/transitionschool

Vig, K. D., Paluszek, M. M., Asmundson, G. J. G. (2020). ACEs and physical health outcomes. In G. J. G. Asmundson & T. O. Afifi (Eds.), *Adverse childhood experiences: Using evidence to advance research, practice, policy, and prevention* (pp.71–90). Academic Press.

Walton, G. E., & Hibbard, D. R. (2019). Exploring adults' emotional intelligence and knowledge of young children's social-emotional competence: A Pilot Study. *Early Childhood Education Journal, 47*(2), 199–206.

Warren, C. A. (2018). Empathy, teacher dispositions, and preparation for culturally responsive pedagogy. *Journal of Teacher Education, 69*(2), 169–183.

Waters, L. (2017). *The strength switch: How the new science of strength-based parentings can help your child and your teen to flourish*. Avery.

Wentzel, K. R., Jablansky, S., & Scalise, N. R. (2021). Peer social acceptance and academic achievement: A meta-analytic study. *Journal of Educational Psychology, 113*(1), 157–180.

WHO-5 Well-Being Index. (1998). *Psychiatric research unit WHO collaborating centre in mental health*. Author.

Willms, J. D. (2013). *Student engagement at school: A sense of belonging and participation*. Organisation for Economic Co-operation and Development.

Wlodkowski, R. J., & Ginsberg, M. B. (1995). A framework for culturally responsive teaching. *Educational Leadership, 53*, 17–21.

World Health Organization. (2004). *Promoting mental health: Concepts, emerging evidence, and practice. Summary report*. Author.

Y Studios. (2020). *What factors really influence identity?* https://ystudios.com/insights-people/influence-on-identity

Yeh, C. J., Borrero, N. E., Tito, P., & Petaia, L. S. (2014). Intergenerational stories of "othered" youth through insider cultural knowledge and community assets. *The Urban Review, 46,* 225–243.

Your Therapy Source. (2019, August 29). *Student strengths in the classroom: Find the positive.* https://www.yourtherapysource.com/blog1/2019/08/26/student-strengths-in-the-classroom-2/

Zaehringer, J., Jennen-Steinmetz, C., Schmahl, C., Ende, G., & Paret, C. (2020). Psychophysiological effects of downregulating negative emotions: Insights from a meta-analysis of healthy adults. *Frontiers of Psychology, 11*(470). https://doi.org/10.3389/fpsyg.2020.00470

Zhu, M., Liu, Q., Fu, Y., Yang, T., Zhang, X., & Shi, J. (2018) The relationship between teacher self-concept, teacher efficacy and burnout. *Teachers and Teaching, 24*(7), 788–801. https://doi.org/10.1080/13540602.2018.1483913

Zimmerman, B. J., & Moylan, A. R. (2009). Self-regulation: Where metacognition and motivation intersect. In D. J. Hacker, J. Dunlosky, & A. C. Graesser (Eds.), *Handbook of metacognition in education* (pp.299–315). Routledge.

译后记

人工智能的崛起，不断引发关于如何为未来而教的讨论。面对科技和经济的快速发展，学校里教授的学科知识已然不足以应对挑战；面对瞬息万变的世界，家长和教育工作者与孩子之间的"价值感代沟"也在不断加深。在传统的知识和技能之外，还需要让学生掌握哪些基本素养？在"不稳定的情绪""不顺利的沟通"表层之下，隐藏着哪些深层次的教育需求？带着这样的问题，人们将目光投向了社会情感能力这一"软技能"。

作为一名创新教育领域的创业者，在过去的八年间，我亲历了教育的深度变革。2015年，经济合作与发展组织（Organization for Economic Co-operation and Development，简称OECD）启动了"2030未来教育与技能"（OECD Future of Education and Skills 2030）项目，并分享了"2030学习罗盘"（OECD Learning Compass 2030），勾画了未来学习的方向。2016年，《中国学生发展核心素养》总体框架发布，划分了能够适应终身发展和社会发展需要的必备品格和关键能力。2022年，义务教育课程方案和课程标准颁布，明确了义务教育阶段的培养目标。从世界趋势到中国特色，再到每所学校、每名教师——在教育变革逐步落实的过程中，我遇见了许多有远见的教育管理者、有能力的一线教师，也见证了项目式学习、探究学习、合作学习等新教学方式的落地。但我总觉得，更有价值的潜力还有待激发，那就是新理念和新方法与社会情感学习的融合。

蔚来教育的合作方巴克教育研究院（PBLWorks）曾在其官网上的一篇博客文章中强调："项目式学习和社会情感学习是天生一对。"中国学校教育战略咨询专家沈祖芸老师曾说："没有社会情感学习的项式学习是以老师教为主的假学习。"在实践中,社会情感学习的掌握和落地要比任何新教学方法都更具挑战性。因为要教好社会情感学习,首先要求教育者自己拥有这样的能力。将它融入教学,既不是记住几个定义,也不是熟练掌握某种技能,而是需要用心体会,不断在自我认知中陶冶。

日常工作繁忙的教育工作者要想拥有这样的能力,也需要一个可靠的向导,而本书恰好起到了这样的作用。本书很巧妙地以"从自己做起"为每个模块的切入点,引导教育工作者首先认识自己、正视自己并修复自己,然后将每个模块致力于培养的能力和方法迁移到学生身上。从"发挥优势,增强修复力""身份认同、归属感与亲社会技能",到"情绪调节""关系信任与沟通",再到"个体效能与集体效能""培育关爱型社区"——本书的六个模块层层递进,为社会情感学习的落地提供了理论的基础、沟通的语言、有效的行动方案和循证的建议。书中提供的诸多支持教师成长的实用脚手架和互动表格,相信可以成为一线教师教授社会情感学习的帮手和成长见证。

最后,借此机会特别感谢浙江大学盛群力教授将本书推荐给我翻译,同时衷心感谢在本书的引进、翻译和出版过程中做出贡献的所有团队和朋友。有机会为一线教师的社会情感学习做出自己的贡献,我感到万分荣幸,也在这一过程中收获和成长良多。社会情感能力是我们教育工作者与学生需要终身学习的能力,让我们携手并肩,共同成长!

邢天骄

The Social-Emotional Learning Playbook: A Guide to Student and Teacher Well-Being by Nancy Frey, Douglas Fisher, and Dominique Smith

English language edition ©2022 by Corwin Press, Inc.

Simplified Chinese edition ©2024 by China Renmin University Press and SAGE Publications, Ltd.

All Rights Reserved. No part of this book may be reproduced or utilized in any form or by any means, electronic or mechanical, including photocopying, recording, or by any information storage and retrieval system, without permission in writing from the publisher.

Corwin 出版社为本书在美国、英国、新德里首次出版的出版社，简体中文版由 Corwin 出版社授权出版。

图书在版编目（CIP）数据

社会情感学习：教师如何做，师生才幸福/（美）南希·弗雷（Nancy Frey），（美）道格拉斯·费希尔（Douglas Fisher），（美）多米尼克·史密斯（Dominique Smith）著；邢天骄译 . -- 北京：中国人民大学出版社，2024.3
（走进学习科学丛书/盛群力主编）
书名原文：The Social-Emotional Learning Playbook: A Guide to Student and Teacher Well-Being
ISBN 978-7-300-32575-0

Ⅰ.①社… Ⅱ.①南… ②道… ③多… ④邢… Ⅲ.①情感教育—教育研究 Ⅳ.①G44

中国国家版本馆 CIP 数据核字（2024）第 041281 号

著作权合同登记号
图字：01-2022-5946号

走进学习科学丛书
盛群力　主编　邢天骄　副主编
社会情感学习：教师如何做，师生才幸福
[美] 南希·弗雷　道格拉斯·费希尔　多米尼克·史密斯　著
邢天骄　译　盛群力　审订
Shehui Qinggan Xuexi: Jiaoshi Ruhe Zuo, Shisheng Cai Xingfu

出版发行	中国人民大学出版社			
社　　址	北京中关村大街31号		邮政编码	100080
电　　话	010-62511242（总编室）		010-62511770（质管部）	
	010-82501766（邮购部）		010-62514148（门市部）	
	010-62515195（发行公司）		010-62515275（盗版举报）	
网　　址	http://www.crup.com.cn			
经　　销	新华书店			
印　　刷	北京华宇信诺印刷有限公司			
开　　本	787 mm × 1092 mm　1/16		版　次	2024年3月第1版
印　　张	15　插页1		印　次	2024年3月第1次印刷
字　　数	185 000		定　价	79.80元

版权所有　　侵权必究　　印装差错　　负责调换